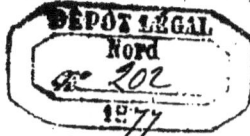

RECHERCHES HISTORIQUES

SUR LA

VILLA DE L'ABBÉ DU SAINT-SÉPULCRE,

LE FAUBOURG SAINT-GILLES

ET

LA SEIGNEURIE DU PLAT-FARNIÈRES

A CAMBRAI

PAR

Victor DELATTRE,

Membre correspondant de la Commission historique du Nord,
de la Société des Antiquaires de France, etc.

« *Mater civitas.* »

LILLE,

IMPRIMERIE L. DANEL.

—

MDCCCLXXVII.

Les principaux éléments de cette notice ont été recueillis pour satisfaire aux désirs de M. l'abbé ERNEST REMBRY , sous-secrétaire de l'Évêché de Bruges , qui préparait alors un ouvrage ayant pour titre : *Essai hagiographique sur Saint-Gilles et son culte , en Belgique et dans le Nord de la France.*

Tous les documents mis en œuvre dans la présente notice font partie du cabinet de l'auteur, à moins d'indications contraires.

Les objets dessinés appartiennent aussi à sa collection cambrésienne.

Les dessins, exécutés sur pierre par un débutant, ont été faits d'après des calques pris complaisamment par M. A. DURIEUX , membre correspondant à Cambrai, qui voulut bien faire aussi , à notre intention , des recherches dans nos archives municipales. Nous lui offrons ici nos sentiments de gratitude.

Nous prions également M. l'abbé DEHAISNES , Président de la Commission historique du Nord, M. A. PRÉUX , Procureur-Général à Limoges, et M. DAN-COISNE, Numismate à Hénin-Liétard , d'agréer nos remerciements pour les recherches qu'ils ont faites, ou pour les communications qu'ils ont bien voulu nous adresser.

V. D.

Cambrai. — Mai 1876.

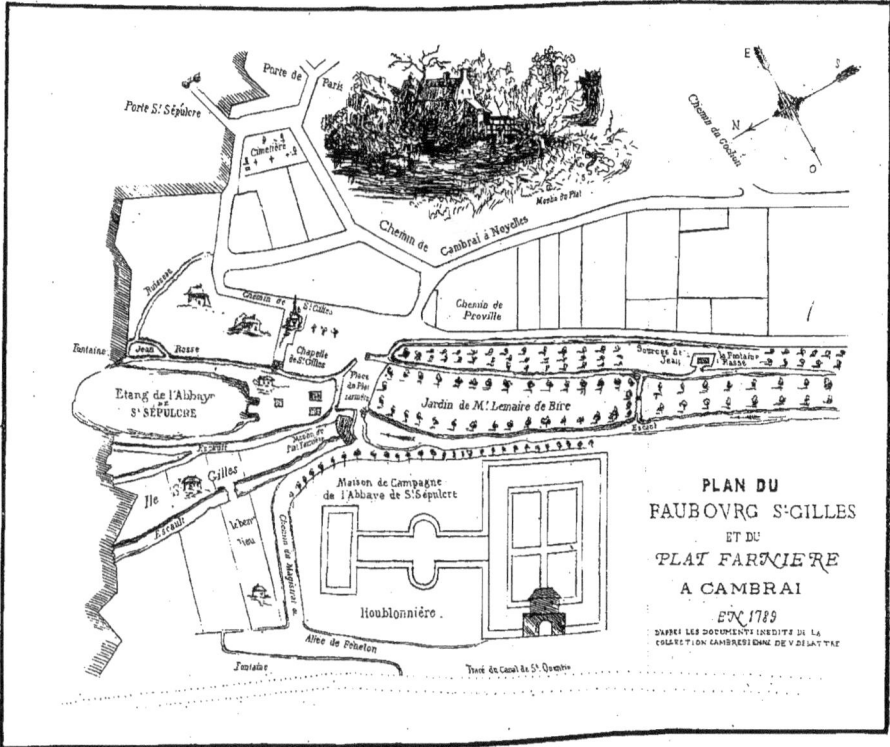

PL. 1

Porte St Sépulcre

Porte de Paris

Cimetière S.

E

Chemin de Crobut

N

S

O

Chemin de Cambrai à Noyelles

Mesbe du Plat

Chemin de
Proville

Chemin de St Gilles

Fontaine Jean Rosse

Chapelle
de St Gilles

Source St
Jean

Fontaine
Fiasse

Etang de l'Abbaye
DE
St SÉPULCRE

Place du Plat
Farnière

Jardin de Mr Lemaire de Bire

Etang

St Gilles

Maison de
Plat Farnière

Ile

Escaut

Maison de Campagne
de l'Abbaye de St Sépulcre

Chemin de Magasin et

Liberté
Jeu

Houblonnière.

Fontaine

Tracé du Canal de St Quentin

Allée de Fénelon

PLAN DU
FAUBOURG ST GILLES
ET DU
PLAT FARNIÈRE
A CAMBRAI
EN 1789
D'APRÈS LES DOCUMENTS INÉDITS DE LA
COLLECTION CAMBRÉSIENNE DE V. DE LATTRE

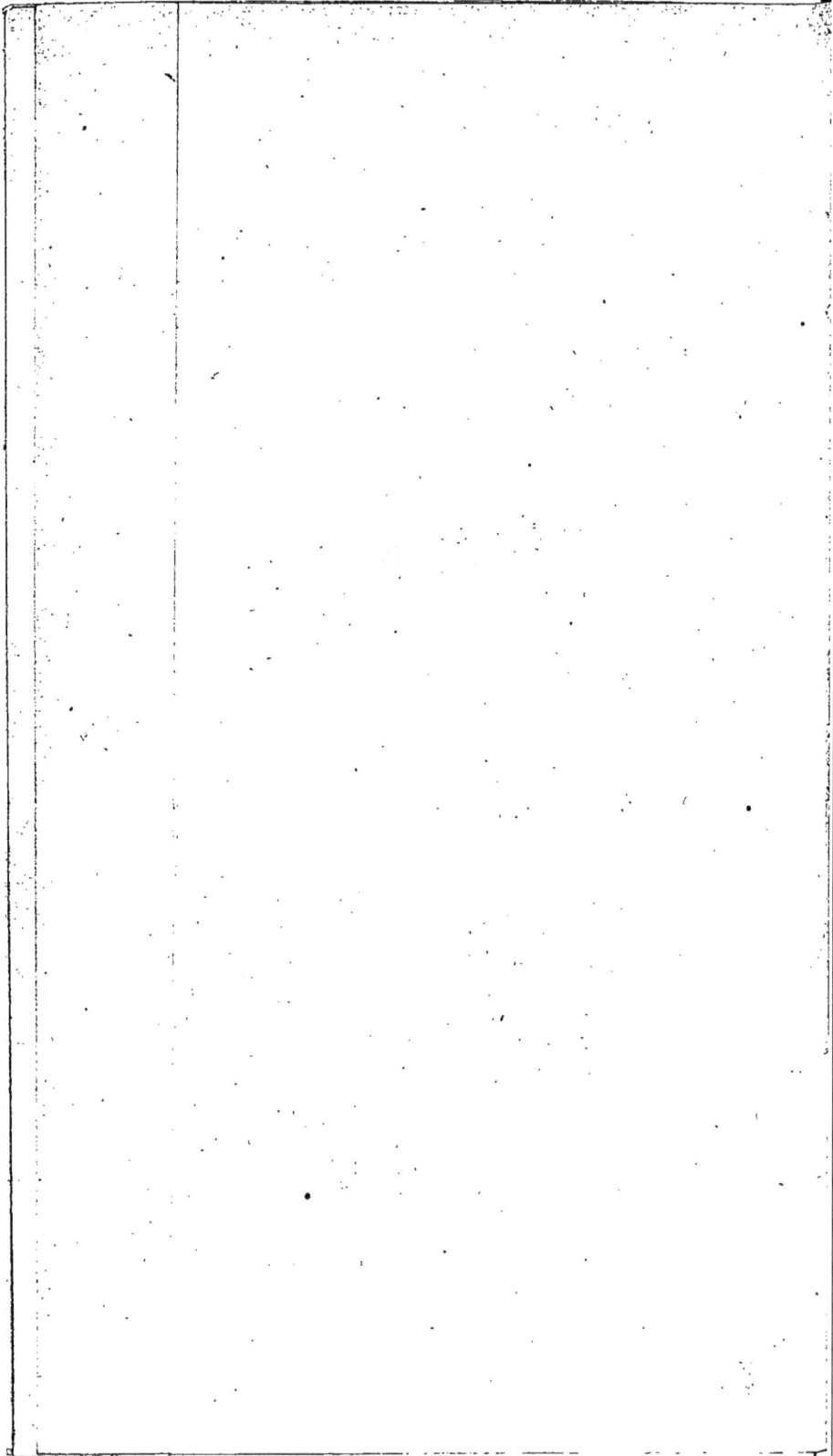

RECHERCHES HISTORIQUES

SUR LA

VILLA DE L'ABBÉ DU SAINT-SÉPULCRE,

LE FAUBOURG SAINT-GILLES

ET

LA SEIGNEURIE DU PLAT FARNIÈRES,

A CAMBRAI.[1]

Par Victor DELATTRE,

Membre correspondant de la Commission historique du Nord,
de la Société des Antiquaires de France, etc.

I.

DE LA PORTE DU SAINT SÉPULCRE AU PLAT FARNIÈRES ET A LA PORTE CANTIMPRÉ.

En sortant de Cambrai par la porte du Saint-Sépulcre, ou de Paris, si l'on désire visiter, au faubourg de cette ville, ce qui reste actuellement des promenades préférées de l'immortel Fénelon, on prend à droite, en arrivant en face du cimetière de la paroisse Notre-Dame, le chemin tournant qui conduit au petit village de Proville, assis paisiblement sur les rives toujours vertes de l'Escaut, et l'on côtoie le lieu où l'on voyait naguère encore la *place Saint-Gilles*. Là, les âmes pieuses saluent en passant un petit jardin enclos de murailles à l'entrée de l'avenue d'une blanchisserie de toile. C'est dans ce jardin (2), qui n'existait pas il y a une quarantaine d'années, que s'élevait jadis, sur la dite place, *la chapelle de Saint-Gilles*, abbé.

(1) Extrait du tome XIII du *Bulletin de la Commission Historique du Nord*, Lille, 1876.

(2) Propriété de M. Hanot, droguiste

Il est à remarquer qu'anciennement, chacun de nos faubourgs possédáit son sanctuaire particulier dans lequel on célébrait la messe à certains jours de l'année. Dans l'enclos de la blanchisserie se trouvait une vaste pièce d'eau, connue sous le nom d'*Etang de l'abbaye du Saint-Sépulcre*: il est aujourd'hui comblé.

Non loin de là, on rencontre bientôt à droite le *pont de la Fontaine Jean-Rasse ou de Saint-Benoît*, sur lequel on passe, abandonnant ainsi le chemin de Proville, et l'on se trouve sur la *place du Plat-Farnières*, que d'anciens plans nous montrent plus grande qu'aujourd'hui, et régulièrement plantée d'arbres. De nos jours, cette place donne accès à la maison de campagne de M. Bertrand-Milcent, et au *moulin du Plat-Farnières*.

Jean Le Carpentier parle du *Plat-Farnières*, en ces termes :

« *Le Plat*, terre et seigneurie, joignant les faux-bourgs de Cambray, mouillée des eaux de l'Escaut, semble avoir pris son nom de sa situation, à cause qu'elle consiste en prairies et campagnes plates, égales et unies en la superficie du dessus, environnées d'autres campagnes, plus relevées, pleines de mottes et de bûtes (1). »

On quitte cette place pour franchir successivement les deux ponts jetés sur l'Escaut, l'un en briques, l'autre en bois, à l'endroit où le fleuve, devenu plus important par ses affluents, se divise en plusieurs bras, comme pour mieux enlacer la cité cambrésienne, dont il enrichit les habitants en donnant la force motrice à leurs machines, et en exportant par ses canaux, les produits de leur commerce et de leur industrie.

Le moulin est situé à l'entrée de *l'île Saint-Gilles*. En quittant son pont de bois, on pénètre à droite dans *l'allée de Fénelon*, aussi nommée *Chemin du Magistrat*, laissant à gauche la grande et belle *maison de campagne de l'abbaye du Saint-Sépulcre*, et quelques maisons qui en dépendaient, formant ensemble une propriété de dix-sept mencaudées de terre, ancienne mesure de Cambrai.

Cette campagne, vulgairement désignée sous le nom de *Château*

(1) Carpentier, *Histoire de Cambrai*, t. III, p. 888.

du Saint-Sépulcre, était considérée comme faisant partie du *faubourg Saint-Gilles*, quoiqu'étant de la paroisse Saint-Géry.

Quelle que soit l'époque à laquelle les religieux du Saint-Sépulcre aient dû quitter leur première villa de *Saint-Gilles en le Vaisdière*, pour s'installer au *Plat-Farnières*, ils auraient pu conserver à leur nouvelle maison de campagne ce nom *de le Vaisdière*, assise qu'elle était alors comme aujourd'hui, sur le bord des grands marais de Proville et de Cantimpré, déroulant autour d'elle leurs immenses tapis de verdure.

Les *marais de la commune de Proville*, compris dans la *seigneurie des Indivis*, n'ont pas toujours fait partie de cette commune. « *On voyait aux archives du Palais archiépiscopal de Cambrai, dans la dixième case au devant des fenêtres, une farde concernant les affaires de Proville.* » Parmi les pièces qu'elle contenait, il s'en trouvait une intitulée : « acte de Nicolas, évêque, par où il donne les *marais de Proville* aux bourgeois de Cambray. »

Quand on a traversé *l'allée de Fénelon*, on a devant soi un canal portant à cet endroit deux noms différents, car, c'est là que commence le *canal de Saint-Quentin*, vers la partie sud-ouest, ainsi que l'indique une borne posée par l'administration des eaux et forêts. On y lit l'inscription suivante, indiquant la distance existant de Cambrai aux endroits désignés ci-après :

CANAL DE SAINT-QUENTIN.

ORIGINE.

CAMBRAI	à 0 m. 0 k. 310	St.-QUENTIN	à 5 m. 1 k. 748
VALENCIENNES.	3 m. 6 k. 000	LA FÈRE	8 m. 8 k. 640
FRONTIÈRE	5 m. 3 k. 468	CHAUNY	9 m. 2 k. 483
MONS	7 m. 2 k. 000	PARIS	27 m. 6 k. 000

La partie septentrionale prend le nom de *canal de l'Escaut*, parce que c'est à partir de Cambrai que le fleuve devient navigable.

De *l'allée de Fénelon* à la *porte Cantimpré*, il n'y a qu'un pas et l'on rentre à Cambrai après un parcours, d'une porte à l'autre, d'une vingtaine de minutes par une marche ordinaire, mais sans avoir pu visiter entièrement tout le *Plat-Farnières*, arrêté que l'on est dans sa course par le *canal de Saint-Quentin*, car le *Plat-Farnières*, ainsi que nous l'avons dit plus haut, s'étendait jusqu'aux limites de la *châtellenie de Cantimpré*.

Le *chemin du Magistrat* se prolongeait de l'autre côté du canal, où se trouvait aussi la *maison de le Galle, sa source, ses fossés et ses prairies*. Le génie militaire, avec ses devoirs et ses exigences, fit disparaître beaucoup de constructions, dont de vieux plans nous ont seuls conservé les indications.

Sous le régime de l'ancienne circonscription des paroisses, avant 1789, le *faubourg du Plat-Farnières* faisait partie de la paroisse de Saint-Géry. M. l'abbé Globed qui en était curé en 1761, déclarait, dans ses actes authentiques, que les habitants de cette partie de la banlieue de la ville demeuraient dans l'étendue de sa paroisse, *faubourg du Plat-Farnières*. Remarquons en passant que l'église de Saint-Géry d'alors était située à une centaine de mètres environ de la porte Notre-Dame, et que celle aujourd'hui désignée sous ce nom, et que l'on voit sur la place Fénelon, était à cette époque, et depuis très-longtemps, placée sous le vocable de Saint-Aubert.

On ne saurait dire comment il se fait que l'histoire se taise sur les faits, assez nombreux pourtant, qui se rattachent soit au culte de Saint-Gilles, soit au faubourg de Cambrai qui lui doit son nom ; les documents ne font cependant pas défaut.

A priori, ce silence nous avait engagé à donner pour titre au présent chapitre : *une promenade dans un faubourg inconnu de Cambrai*. Mais tout en reconnaissant que ce titre eût été de mise, nous avons pensé qu'on aurait pu le trouver quelque peu prétentieux, et pourtant !

L'ancien faubourg Saint-Gilles était beaucoup plus important qu'on ne pourrait se l'imaginer ; il pénétrait bien avant dans la ville, avant l'agrandissement de la cité au XIᵉ siècle, par les évêques Liébert et Gérard. Il fut même en tout ou en partie compris dans ce qu'on désignait primitivement sous le nom d'*Abbeville* : *abbatis-villa*, et s'étendait de l'église Saint-Georges à l'Escaut, en touchant aux terres de la banlieue, connues de nos jours sous le nom de *faubourg de Noyelles*; confinait au terroir de Proville et au Plat-Farnières (1).

Dans une série de chapitres spéciaux, nous nous arrêterons successivement aux différents endroits que nous venons de désigner.

Ils nous rappelleront la simplicité des mœurs d'autrefois et des usages emportés par le temps. Nous assisterons dans ces lieux à des fêtes princières et nous y passerons en revue quelques-unes des compagnies bourgeoises qui venaient s'y exercer à leurs jeux de prédilection.

Avec l'*île Saint-Gilles*, nous entrerons dans quelques rues de Cambrai, dont nos chroniqueurs n'ont jamais trouvé l'occasion de parler, et dans d'autres, au contraire, pour l'histoire desquelles nous avons profité avec plaisir de leur expérience et de leurs leçons.

Puis nous nous promènerons sur les bords de l'Escaut, sur les rives verdoyantes de nos fontaines, ou bien au pied des sombres forteresses pour y deviser des faits héroïques, merveilleux et quelquefois sanglants dont ils ont été les témoins; mais nous y retrouverons aussi, heureux et charmé de les y rencontrer, quelques-unes des figures les plus grandes et les plus aimées de notre histoire.

Si donc certains de nos chapitres n'offrent que peu d'intérêt, nous n'en accuserons que la faiblesse de notre plume.

C'est d'ailleurs sur un terrain modeste que nous aimons à nous placer, pour mille raisons, et nous serons en cela, conséquent avec nos habitudes et nos antécédents. En province surtout, le *curieux de curiosités*, comme nous appelle M. le baron de Sainte-

(1) Voir les pièces justificatives, au dernier chapitre.

Suzanne (1), le curieux disons-nous, a besoin de mener une existence modeste, s'il veut équilibrer les exigences du monde avec la tâche qu'il s'est imposée et faire pardonner certaines allures, qu'on prend trop facilement, peut-être, pour de l'excentricité. Et encore, parvient-il a éviter les préventions, les sarcasmes?

On trouvera sans doute, avec une apparence de raison, que nous aurions du condenser notre travail de manière à donner ensuite aux divers chapitres des proportions égales. Nous nous permettrons de faire remarquer que, subissant la loi commune, nous ne pouvons traiter l'histoire que comme la vérité qui s'impose; on est obligé de la subir, en s'inclinant avec respect devant elle.

A défaut de raisons meilleures, nous nous abriterions volontiers derrière le nombre et la valeur des documents inédits ou peu connus que nous avions à mettre en œuvre; puissent-ils militer en faveur d'un jugement moins sévère et nous permettre de compter sur une plus large part d'indulgence.

II.

LA VILLA DE L'ABBÉ.

Lorsqu'au XIe siècle saint Liébert eut fondé l'abbaye du Saint-Sépulcre et appelé à Cambrai les disciples de saint Benoît,

(1) Dans un charmant opuscule : « *Lettre à un curieux de curiosités* , * » M. le Baron de Boyer de Sainte-Suzanne, ancien sous-préfet de Cambrai, actuellement gouverneur de la Principauté de Monaco, écrit à un ami, qui lui demandait une introduction à son catalogue : Cette épître, qu'on pourrait appeler un *résumé encyclopédique de la curiosité*, prouve combien l'auteur est initié aux choses des arts en général, et donne mille fois raison à la société des Antiquaires de Picardie, pour le tact qu'elle a montré en le choisissant pour Président de la Commission de la splendide exposition artistique et archéologique d'Amiens, en 1860.

* Imp. Monaco, 1875, in-8° de 56 pages.

il voulut pourvoir à leur existence, et les mettre à l'abri de toute nécessité, en les dotant de la majeure partie des biens dont il pouvait encore disposer, car le pieux et charitable prélat ne cessait à toute occasion, de faire éclater sa munificence envers les églises, les monastères et les pauvres.

La charte de fondation de cette abbaye, portant la date de 1064, entre dans le détail des propriétés que saint-Liébert donna aux religieux du Saint-Sépulcre : « Je dote le monastère, dit-il, de tout ce qui me reste dans le faubourg de Cambrai, provenant de l'abbaye de Saint-Martin (1); je lui donne aussi les deux églises paroissiales de Saint-Georges et de Sainte-Marie-Magdelaine, avec les droits de Tonlieu (2) et de Cambage (3), qui se prélèvent dans leur circonscription ; puis encore des jardins et des terres arables autour de Cambrai, que j'ai échangés avec l'abbé Waldric (4), de saint André, apôtre ; un moulin au faubourg, et la moitié d'un autre à Proville, avec toute juridiction ; plus un autre moulin à Noyelles, la pêche entre les deux moulins et d'autres biens situés dans le Cambrésis, le Hainaut, le Brabant, etc (5). »

Cette dotation était considérable ; la majeure partie de ces terrains a dû former primitivement l'*Abbeville* (*abbatis villa*), dont parlent les anciens titres.

Saint Liébert, craignant avec raison que le temple du Saint-Sépulcre et l'abbaye de Bénédictins ne tombassent sous la main des hordes ennemies qui désolèrent tant de fois le pays, étendit le réseau des fortifications de ce côté de la ville, enveloppant ainsi,

(1) Avant de devenir église paroissiale, Saint-Martin n'était qu'une petite abbaye de nonnes (Bouly, *Dictionnaire historique de Cambrai*).

(2) Le Tonlieu était un droit qui se prélevait sur les marchandises exposées en vente. (Bouly, *Dict.*).

(3) Le droit de Cambage se prélevait sur les bières.

(4) L'abbaye de Saint-André du Câteau était également de l'Ordre de Saint-Benoît ; elle fut fondée par l'évêque Gérard, en 1030, et achevée par Saint-Liébert, en 1052. Waldric en fut le second abbé en 1045, dix-neuf ans avant la fondation de l'abbaye du Saint-Sépulcre.

(5) Voir aux pièces justificatives pour plus de détails.

dans l'enceinte des murailles, la paroisse Saint-Georges et celle de la Magdelaine. Les biens de l'abbaye furent donc partagés en deux; la partie intra-muros prit le nom d'*abbaye du Saint-Sépulcre*, dont les dépendances s'étendaient jusqu'à l'église Saint-Georges, et étaient bordées de prairies, le long des fortifications; l'autre partie, qui resta en dehors de la ville, devient positivement alors l'*Abbatis villa*. Nous verrons plus loin que les religieux du Saint-Sépulcre y construisirent une maison, connue dès le XII° siècle, sous le nom de *Saint-Gilles-en-Wêdrerès*.

Un acte de Godefroy de Fontaine, évêque de Cambrai, confirme en 1224, à l'abbaye du Saint-Sépulcre, la possession du *Pré-Mosteruel*, situé sur la rive de l'Escaut, avec toute dîme et juridiction. Ce titre nous apprend que les Bénédictins du Saint-Sépulcre ajoutèrent aux biens qu'ils tenaient de saint Liébert, provenant de l'abbaye de Saint-Martin, une propriété adjacente au *pré Mosteruel*, laquelle consistait en la *source et la terre de Saint-Martin*, *nommée Collet*, s'étendant depuis le dit *pré Mosteruel* et le *moulin de Farnières*, jusqu'à la *villa de l'abbé;* cette acquisition se fit par échange entre le chapitre de Saint-Géry. seigneur temporel du *Plat-Farnières* et l'abbaye du Saint-Sépulcre. Il y a tout lieu de penser que les chanoines de Saint-Géry reçurent la source et la terre de Saint-Martin de l'évêque Liébert, au moment où supprimant l'abbaye de nonnes, il disposait de ces biens, avant la fondation du Saint-Sépulcre. L'examen des titres suivants nous permettra peut-être d'indiquer l'endroit où pouvaient se trouver la source et la terre de Saint-Martin.

En 1225, c'est-à-dire quatre ans après l'acte de Godefroy-de-Fontaine, une autre charte, donnée à l'abbaye du Saint-Sépulcre, indique que *Abbeville* est auprès des fossés de la ville de Cambrai, à la porte du Saint-Sépulcre.

Enfin parmi les notes du glossaire (1) de M. Le Glay, nous trouvons la mention suivante, qui a pour notre sujet une grande

(1) Le Glay, — *Glossaire topographique de l'ancien Cambrésis.*

importance : « *Abbatis Villa* était sans doute d'abord une maison
» de campagne, appartenant à l'abbé du Saint-Sépulcre ; puis on
» aura appelé ainsi un terroir tout entier. Nous lisons, en effet,
» dans un registre des revenus de Saint-Sépulcre au XIII⁰ siècle,
» le titre suivant, qui indique une étendue de terrain assez consi-
» dérable : *Incipiunt redditus ecclesie S.-Sepulcri Cameracensis*,
» 1° *in Abbatis Villa super domos et curtilia a porta S.-Georgii*
» *usque ad Scaldam inter fossatum civitatis et fossatum dou*
» *Baille.* »

D'après ce titre, il n'est plus permis de s'y méprendre, l'*Abbatis
Villa* était située entre la porte Saint-Georges et l'Escaut d'une
part, et les fossés de la ville et celui du Bailli de l'autre.

Resterait à savoir jusqu'où s'étendaient au juste les limites de la
ville au XIII⁰ siècle, avant l'agrandissement de Cambrai, et quels
étaient les édifices couvrant les terrains occupés de nos jours par
les travaux de défense, lesquels prirent peu à peu un développement considérable. Cette question restera sans doute toujours en
litige, à moins que de nouvelles découvertes ne se fassent dans
nos archives municipales, par les soins de notre intelligent et
infatigable archiviste.

Cosset, dont le nom se lit dans une charte du Saint-Sépulcre
de 1250, et qu'on croyait être situé à Proville (1), faisait partie
de *Abbatis villa*. C'était une propriété s'étendant de la *Tour des
Arquets*, à la *tour d'Abancourt* ou des *Bons Enfants*, et peut-être
au-delà : « La tour de *Bons Enfants* ou de M. d'Abancourt encore
debout, a été construite en 1459, à l'endroit du *brise-tout* sur le
Pré Cosset (comptes de la ville (2).

La source et la terre de Saint-Martin nommées Collet, les vieux
titres le disent positivement, étaient entre le *Moulin-du-Plat-
Farnières* et la *villa de l'abbé*, en dehors de Cambrai, au-delà des

(1) Le Glay. — *Glossaire topographique.*

(2) A. Durieux. — *L'Escaut et ses Moulins*, p. 232-237-238. — Mémoires de
la société d'Émulation de Cambrai, t. XXXII⁰, 1ʳᵉ partie.

portes de Saint-Georges et du Saint-Sépulcre. Mais, dira-t-on, il serait difficile, aujourd'hui que tout a changé de forme dans les abords de la place, de désigner le lieu où pouvait se trouver la *source de Saint-Martin.* Nous ne pouvons, en effet, faire de supposition que pour un seul endroit, c'est-à-dire, de l'*étang du Saint-Sépulcre,* qui, quoique comblé maintenant, a conservé des fossés toujours remplis d'eau, bien qu'ils ne soient plus alimentés par la *fontaine Saint-Benoit,* d'où l'on pourrait conclure, qu'indépendamment du contingent d'eau, que la dite fontaine fournissait à l'étang, celui-ci avait sa source particulière, laquelle toutefois ne suffisait pas pour alimenter tout ce vaste bassin. Nous pourrions au surplus faire remarquer que du *moulin du Plat* à la porte Saint-Georges, il n'existe aucune fontaine autre que le *courant* de la *fontaine Saint-Benoît,* dont la source est située au *pré Mosteruel, vers Proville,* bien au-delà du *Plat-Farnières,* et ne peut par conséquent être prise pour la *source de Saint-Martin.* Une citation empruntée au travail de M. Durieux (1) vient à l'appui de notre assertion : « Item seroit trouvé bon commancher ung fosset de » XIII ou XV pieds de large ou environ, depuis la première » maison de Prouville, appartenant aux hoirs de maistre Jehan » Laloux, où se commanche la première fontaine de Prouville, » jusques à nos fossets, allendroit de le plate forme à M. d'Aben- » court (2) et faire bonnes dicques du costé de la rivière, *lesquelles* » *fontaines viendront emprès les fossés de la ville jusques à Saint-* » *George* (3) ou aultres et jusques à la rivière et estans lesdits » fossés à haulteur d'eauwe, tel qu'il sera trouvé de raison. »

Il est évident qu'on n'aurait jamais songé à faire remonter jusqu'à la porte Saint-Georges la *fontaine de Prouville,* si une

---

(1) A. Durieux. — *L'Escaut et ses Moulins,* p. 282-287-288. — Mémoires de la Société d'Émulation de Cambrai, t. XXXIIᵉ. 1ʳᵉ partie.

(2) La tour des Bons-Enfants (ou d'Abancourt, encore debout) a été construite en 1459, à l'endroit du Brise-Tout, sur le pré Cosset. » Comptes de la ville.

(3) Ce qui se voyait encore il y a environ quarante ans.

autre fontaine avait existé entre les eaux de Saint-Benoît et la dite porte. Il faut donc chercher la fontaine de Saint-Martin, entre le Plat-Farnières et le lit de la fontaine Saint-Benoît.

« Le nom de *Collet*, dit M. Le Glay, fut conservé dans le bois Coulet, Couillet au Collet, qui se voyait en avant de Marcoing (1). ». Une porte de Cambrai avait, au XIIIe siècle, les mêmes variantes de nom. Elle devait son origine, suivant l'historien J. Le Carpentier (2), à un riche et puissant chevalier qu'on appelait Robert Couillet, dont l'hôtel se trouvait tout près de là. Le même historien assure qu'il y eut plusieurs familles de ce nom et fait la description de leurs armes. Ne pourrait-on pas conclure que le surnom donné à la *source et à la terre de Saint-Martin*, pourrait être celui d'un ancien propriétaire ?

Nous avons dit que dès le XIIe siècle, il est fait mention dans nos vieux chroniqueurs de *Saint-Gilles-en-Wedrerès*.

Adam Gélicq nous apprend qu'un tournoi y fut donné en 1190, et nous lisons dans le *Cameracum* (3) qu'en 1288, le dimanche avant la fête de Sainte-Marie-Madelaine, l'abbé et les religieux du Saint-Sépulcre reçurent l'évêque de Cambrai, Guillaume-de-Hainaut, et lui offrirent à dîner en leur maison de *Saint-Gilles-en-le-Waisdière* ; «*in domo sua quæ dicitur S.-œgidii en-le-Waisdière.*» Plusieurs questions s'imposent naturellement ici ; d'abord à propos du culte de Saint-Gilles, puis du nom de *Waisdière* donné à la villa de Saint-Gilles, enfin de la situation que cette *villa* occupait hors de Cambrai.

Suivant toutes les probabilités, le culte de Saint-Gilles fut apporté à Cambrai par les religieux du Saint-Sépulcre, qui auront d'abord placé leur oratoire du faubourg sous son vocable, et par extension, ainsi que cela se voyait souvent, ce nom vénéré aura rejailli sur la *villa* elle-même, pour gagner enfin la contrée devenue par la suite, le *faubourg Saint-Gilles*.

(1) Le Glay. — *Glossaire*, page 206.
(2) *Histoire de Cambrai et du Cambrésis.*
(3) Le Glay, page 46.

Quant au nom de Vedrerès, de le Vaisdière, il s'explique par la situation de l'*abbatis villa* au milieu des prairies. Ce mot vient de l'allemand *Wetde* paturâge, *Weide* prairie, *Waide* ou *Wède*, guède ou pastel, plante fort en usage autrefois chez les teinturiers pour l'apprêt de certaines couleurs; or on sait que les teinturies écarlates de Cambrai jouissaient d'une réputation bien méritée (1).

La culture du Wède était encore assez importante au Moyen-Age, pour que le *Magistrat* de Cambrai mit à ferme un *office de bariller et mesurer Wesdes* (2).

« Le mot de *Wedière* existe tout entier à Valenciennes pour » désigner le nom d'une rue qui a sans doute retenu cette déno- » mination de sa situation au milieu des prairies qui existaient » alors dans cette partie de la ville. »

« *Wède* est le nom d'une cour à Valenciennes, contenant quel- » ques demeures de pauvres. Le terrain de cette cour faisait partie » d'une prairie avant que la ville fut ceinte de murailles (3). »

Peut-on rien de plus concluant? La *maison de Saint-Gilles-en-Wedière* aura été expropriée pour les immenses travaux de défense, qui, de la porte Saint-Georges à l'Escaut, rendent imprenables cette partie de nos fortifications, mais les religieux de Saint-Benoît achetèrent un autre terrain au *Plat-Farnières*, et y élevè-rent une jolie maison de campagne, connue depuis sous le nom de *château de Saint-Sépulcre*.

III.

LE PRÉ D'ESPAGNE.

Au pied du rempart reliant la porte du Saint-Sépulcre au bastion Saint-Georges, il existe un quartier relativement populeux, composé d'une impasse et d'une rue, donnant accès audit rempart,

(1) L'Abbé Expilly. — *Dictionnaire géographique des Gaules.*
(2) Voir aux pièces justificatives, page 128, un curieux document de 1556, communiqué par M. A. Durieux.
(3) Hécart. — *Dictionnaire Rouchy-Français.*

d'un côté, et de l'autre à la rue Saint-Georges. Ce quartier porte le nom de *rue du pré d'Espagne*, rue *des près d'Espagne*, ou tout simplement *Pré d'Espagne*. Une partie dépendait de l'abbaye du Saint-Sépulcre et était comprise dans l'ancienne *Abbeville*: l'autre partie appartenait à la ville, ou à des particuliers, mais elle était de la juridiction de l'abbaye, désignée sous le nom de *Poestée*.

Nous n'avons pas à faire ici l'histoire du *Pré d'Espagne*, qui a été écrite depuis longtemps (1), mais notre but est de publier un document curieux que nous devons à l'aimable attention de M. l'abbé Bernard, vicaire-général du diocèse, archidiacre de Lille, qui voulut bien nous faire l'honneur de nous l'offrir.

Ce document contient des renseignements nouveaux sur le nom et l'origine du *Pré d'Espagne*, et cause quelque surprise, parcequ'on s'était toujours figuré que le nom, donné à ce quartier, était un souvenir de l'époque de la domination espagnole à Cambrai.

La lettre suivante a été écrite par l'abbé du Saint-Sépulcre, Dom Joseph Dambrine; elle porte la date du 6 septembre **1714** et fut sans doute adressée à M. de La Rivière du Fresne, gouverneur de la citadelle de Cambrai de 1697 à 1720. La réponse, non signée, doit être de la main du gouverneur :

MONSEIGNEUR,

« J'obéis avec toute la soumission que je dois aux ordres que
» M. de Bernières m'a adressez de surseoir par provision la
» construction de la muraille que j'ay commencée au pied et au
» long du rempart, pour renfermer notre pré contigu au jardin
« de notre abbaye.

» J'ay l'honneur cependant de vous représenter que la cons-
» truction de cette muraille serait utile et commode au service du
» Roy, bien loin de luy être préjudiciable, en ce qu'on trouvera un
» passage libre dans le pré, pour passer à la porte de France, ce
» qui ne pourroit se trouver si on laissait les choses dans l'état
» où elles ont étées jusqu'à présent.

(1) Bouly. — *Dictionnaire historique.*

» En effet les bâtiments de notre abbaye, qui se sont toujours
» étendus jusque bien avant dans le talu du rempart, ont aussi
» toujours couppé et empesché toute communication entre le pré
» et la porte de France, mais suivant le plan de M. de Valory,
» pour la construction de la muraille commencée, je dois faire
» raser les bâtiments qui couppent et empeschent cette communi-
» cation, et au lieu de ces bâtiments je ne laisserai qu'une simple
» muraille parallèle à celle qui se trouvera à l'autre bout du pré,
» du côté de l'église Saint-George, et il y aura une grande porte
» dans chacune de ces deux murailles parallèles qu'on ouvrira au
» besoin pour le service de Sa Majesté, de sorte qu'on trouvera
» un passage libre dans le pré tout au long de la muraille com-
» mencée pour passer de l'endroit de Saint-George à la porte de
» France; ce qui ne pourroit se trouver si on laissait les choses
»· en l'état comme elles ont étées de tout tems.

» Et c'est sur ce pied que M. de Valory, après s'être donné la
» peine de se rendre sur les lieux pour tout examiner, a jugé que
» mon dessein au lieu d'être préjudiciable seroit au contraire
» commode au service de Sa Majesté, et il m'a ensuite permis de
» l'exécuter.

» Au surplus, ni le public ni les particuliers n'ont aucune
» bonne raison de s'opposer à l'exécution de ce dessein; le pré
» dont il s'agit appartient à notre abbaye dèz le temps de sa
» fondation dans le onzième siècle, il a toujours fait partie de ce
» qu'on appelle le clos de l'abbaye, et il ne doit aucun passage,
» ni aucune servitude.

« Dans le commencement ce pré servait de cense et de basse-
» cour à notre abbaye, dans la suite on l'a réduit en pré pour servir
» à blanchir les linges de l'abbaye, et on l'a appelé le *Pré d'Es-*
» *pagne* du nom du blanchisseur; mais il a toujours été fermé du
» côté de la porte de France par les bâtiments de l'abbaye qui
» s'étendent jusque dans le talu du côté du rempart, comme on peut
» encore le voir à présent, et il est bien surprenant qu'on ait osé
» avancer contre toute apparence qu'on pouvait passer cy-devant, à

» la porte de France en traversant le pré qui s'est toujours trouvé
» fermé aux deux bouts.

» Il est vray que depuis deux ans environ j'ay fait abattre une
» partie des bâtiments qui empeschoient la communication du pré à
» la porte de France, afin de trouver un passage pour faciliter les
» voitures des matériaux nécessaires pour la construction d'une
» muraille dans le pré et que pendant ce temps je n'ai point em-
» pesché les particuliers de passer par cette ouverture, mais il seroit
» ridicule dans ces particuliers de s'en prévaloir pour prétendre un
» droit de passage; ils ne peuvent me disputer le pouvoir de rétablir
» les bâtiments, et par ce moien le passage sera bouché, et le
» pré demeurera fermé tout comme auparavant.

» Remarquez de plus je vous prie, Monseigneur, que pour tout
» tel usage qu'on veuille faire du pré dans la suite, la muraille
» commencée sera très-utile et même nécessaire, tant pour empes-
» cher qu'on ne continue de voler les linges, que pour mettre en
» sûreté toutes autres choses qu'on trouvera bon de retirer dans le
» pré.

» Ce pourquoi je vous supplie, Monseigneur, d'avoir la bonté
» de permettre qu'on achève la muraille commencée, et je seray
» toute ma vie, avec une parfaite reconnoissance, et dans un très-
» profond respect, Monseigneur, votre très-humble et très-obéissant
» serviteur. »

· JOSEPH, Abbé de Saint-Sépulcre. ·

· A Cambray, 6 septembre 1744. ·

L'abbé Joseph Dambrine reçut sur sa lettre même la réponse
suivante, interlignée :

« Je me suis fait envoyer par M. de la Raye un plan très-exact
» de la partie de l'abbaye de Saint-Sépulcre qui répond au rem-
» part à gauche de la porte Saint-Sépulcre. Je luy ay mesme
» demandé un profil du rempart et du mur que vous souhaitte-

» riez de faire eslever..., par lequel je vois que ce mur occupe
» près de la moitié du talus intérieur du rempart. Il faut, Monsieur
» que vous n'ayez pas expliqué à M. de Valory quel estoit votre
» projet, car je suis sur qu'il ne vous auroit pas permis de construire
» votre mur en cet endroit, n'ayant pas le pouvoir de le faire et
» connoissant bien le préjudice que cela causerait à la fortification.
» Aussy, c'est avec raison que M. de Bernières vous a mandé d'en
» surseoir la construction. Il ne me convient pas d'entrer dans ce
» qui peut regarder l'intérest des particuliers : cela n'est point de
» mon fait, mais bien de la compétence des juges ordinaires. Dans
» les bonnes règles de la fortification, il devroit y avoir un chemin
» au pied du talus intérieur, entre le rempart et les maisons des
» particuliers. Tout ce que je crois que vous pourriez espérer, ce
» seroit que le Roy vous permît d'establir un mur au pied de ce
» talus. C'est à vous à voir s'il vous convient que j'en rende
» compte à S. M. ou non. Je feray sur cela ce que vous souhai-
» terez. »

La lettre de l'abbé Joseph Dambrine ne nous apprend pas à
quelle époque la famille *Despagne* vint donner son nom à cette
partie des dépendances de l'abbaye du Saint-Sépulcre, mais il
paraît que cette date remonte à une époque assez éloignée.

En 1729 la famille Despagne possédait encore une blanchisserie
dans Cambrai. Nous en trouvons la preuve dans un chirographe
» pour vente d'une maison size grande rue Saint-Vaast tenant à
» une maison appartenant à la trésaurerie de Saint-Géry, et au
» fond à la *burie de Nicolas Despagne.* »

Il est probable que le *Pré d'Espagne* aura par extension donné
son nom à ce quartier de la ville, depuis l'enclos de l'abbaye jusqu'au rempart et la *brasserie Saint-Georges*, connue dès le XVe
siècle.

C'était en cet endroit qu'on enterrait les hérétiques, les excom-
muniés et tous ceux qui se faisaient mourir de mort violente.

On découvrirait peut-être aux archives du Nord (fonds de

Saint-Sépulcre), les motifs qui firent choisir ce lieu pour un tel usage. On sait que primitivement le terrain du Saint-Sépulcre n'était qu'un cimetière où saint Liébert allait prier pour les fidèles trépassés. « Il avoit aussi de coustume (saint Liébert)
» d'aller à piedz nuds, de nuict, par les églises de la ville, avec
» quelques clercs et familiers, priant Dieu pour son peuple; de façon
» qu'il advint une fois en la nuict devant le vendredy sainct,
» qu'estant en la cimetière de Saint-Nicolas en Cambray, après
» avoir recommandé à Dieu les âmes desquelles les corps gi-
» soyent en ce lieu, disant : *Animæ omnium fidelium requiescant in*
» *pace,* fut ouye en l'air intelligiblement ceste voix : *Amen* (1). De
» quoy ceux de sa compagnie furent fort émerveillez, mais il les
» pria de ne le point révéler ; auquel lieu fut depuis dressée une
» grande croix, qu'on a depuis appelé *la Croix de l'Amen.* (2). »

Saint Liébert aura peut-être, au moment de la fondation de son abbaye, choisi lui-même l'endroit le plus éloigné pour enterrer ceux qui se mettraient volontairement en dehors des lois de Dieu et de l'Église, comme étant indignes d'être mis en terre sainte, car il est bon de remarquer que ce que nous nommons aujourd'hui le *Pré d'Espagne,* faisait primitivement partie de *Abbatis-Villa.*

Pour revenir une dernière fois sur la lettre de Dom Joseph Dambrine, nous ferons observer qu'elle oblige désormais à changer l'orthographe du mot Despagne qui doit s'écrire, comme tous noms de famille, avec une grande initiale, un grand D, sans apostrophe, ainsi qu'il est écrit dans l'acte de 1729, où il est fait mention de la *burie de Nicolas Despagne.* Pour être logique, on devra donc écrire à l'avenir : Pré Despagne.

(1) Un tableau de notre cabinet représente saint Liébert à genoux priant pour les fidèles trépassés. Sa tête est entourée d'un nimbe aux extrémités duquel on lit en légende : *Saint Liébert Évesque de Cambrai.* De sa bouche sort une banderolle sur laquelle on lit la prière latine précitée.

(2) Gazet. — Ordre et suite des évêques de Cambrai et d'Arras.

IV.

UN TOURNOI A SAINT-GILLES-EN-LE-WAISDIÈRE.

On lit dans la chronique d'Adam Gélicq (1) que dès l'an 1190, le *faubourg de Saint-Gilles* fut témoin de l'une des fêtes les plus brillantes qu'offrait le Moyen-Age. Le roi de France Philippe-Auguste, et Richard Cœur-de-Lion, roi d'Angleterre, y donnèrent un tournoi aux plus illustres chevaliers de l'époque, qu'ils réunissaient dans le but d'entreprendre la troisième croisade. Voici en quels termes le chroniqueur en fait le récit : « L'an IIe, d'Henri, Philippe, roi de France, et Richard, roi d'Angleterre, assemblèrent un tournoi en la cité de Cambray, et fut jour ordonné pour le dit tournoi, auquel vindre plusieurs nobles champions: si comme Gaulthier de Chastillon, le comte de Joigny, le comte d'Estamfort, Guillaume de Barres, Bauduin, comte de Flandre, le comte de Montfort, Guillaume-Longue-Espée, Andrieux de Chauvigny, le comte de Clèves, le duc de Luxembourg, et plusieurs aultres, tant chevaliers que escuyers. Y fut aussi, la royne de France, Isabelle, fille du roi d'Aragon, et y vint Salladin, capitaine des Sarrasins de Guise, lequel fut logé *à l'Ange* (2). Et fut ledict tournoi fait hors de la cité de Cambray, en allant à *Saint-Gilles-de-Wédrerès*, auquel tournoi le dit Salladin fit merveille d'armes. »

M. Bouly, qui a publié cette pièce dans son dictionnaire historique, ajoute qu'il est étonnant que les historiens de Cambrai aient passé sous silence cet événement auquel se rattachent de si grands noms, et qui aura produit une grande sensation dans le pays.

Tandis que cette fête se donnait sous nos murs, l'évêque de Cambrai, Roger de Wavrin, prélat pieux, qui avait assisté au

(1) Manuscrit N° 6.

(2) L'hôtel de l'Ange existait encore au siècle dernier, rue de l'Ange, entre la Grand'Place et la place au Bois.

Concile de Latran, sous le pape Alexandre III, et qui se trouvait en Palestine au temps de la seconde croisade, mourait de la peste à son retour de Terre-Sainte, durant le siège de Saint-Jean-d'Acre en 1191.

C'était dans leur *villa de Saint-Gilles en le Waisdière* que les Bénédictins du Saint-Sépulcre offraient, à de rares occasions, des fêtes d'été à quelque personnage de distinction. « Le dimanche » avant la fête de Sainte-Marie-Magdelaine, de l'année 1288, » l'abbé et les religieux du Saint-Sépulcre reçurent à dîner en » leur *maison de Saint-Gilles-en-le-Waisdière*, l'évêque de » Cambrai, Guillaume de Hainaut, comme on le voit dans le » chartrier de cette abbaye (1). »

Lorsque M. Le Glay publia son Glossaire topographique de l'arrondissement de Cambrai, imprimé la même année que son Cameracum, en 1849, il ne dit rien de la *maison de Saint-Gilles-en-le-Waisdière*, tandis qu'il en fait mention dans le Cameracum d'après la Gallia-Christiana. Le dictionnaire topographique de l'arrondissement de Cambrai, de M. Bruyelle, travail de patience et de grandes recherches, se tait également sur ce lieu dit. Ne désespérons cependant pas de le voir plus d'une fois encore mentionné dans les vieux titres de nos archives municipales et départementales (fonds de Saint-Sépulcre).

Nous avions un instant songé à trouver *la maison de Saint-Gilles-en-Vesdières*, dans la maison de campagne située entre le *Moulin du Plat*, et le *marais de Proville*, connue de nos jours sous le nom de *Château de Saint-Sépulcre* et dans l'enclos de laquelle jaillit la source d'une fontaine importante, mais ne trouvant rien dans les termes de la charte de 1221 qui nous rappelle cette propriété, nous n'avons pas tardé à abandonner notre projet.

Quoi qu'il en soit, le *Château de Saint-Sépulcre* paraît être depuis très-longtemps en la possession de ladite abbaye. Voici en quels termes dom Louis Lallemant en parle dans son mémoire rédigé à la fin du siècle dernier : « Au-delà de l'Escaut, qui reçoit

(1) Le Glay. — *Cameracum*, page 46.

» le eaux de l'étang, se trouve la *maison de campagne de l'abbaye*,
» contenant plus de dix-huit mencaudées entre lesquelles sont
» comprises trois mencaudées tenues en arrentement perpétuel du
» chapitre de Saint-Géry, sous un canon de quarante florins, et
» cinq boitelées tenues en fief de l'archevêché de Cambrai, l'en-
» clavement de ces deux corps de terre ayant été nécessaire pour
» la régularité et distribution du terrain qui est partagé en pro-
» menades et en fossés alimentés par une fontaine qui se trouve
» dans l'enclos, lequel était très-bien planté d'arbres fruitiers.
» Sur cette propriété était bâtie une *très-jolie maison avec étage*,
» écurie et logement de concierge. L'ensemble a été vendu
» 50,000 florins au charpentier de l'abbaye qui a dégradé cette
» campagne. »

On sait que les magnifiques grisailles de la cathédrale actuelle
de Cambrai ont été exécutées par le célèbre Gheraert, d'Anvers,
pour la chapelle de l'abbaye de Saint-Sépulcre. Le même peintre
avait fait présent aux religieux, pour la décoration de leur maison
de campagne, de quatre médaillons, également en grisaille,
représentant les bustes de Henri IV, de Sully, de Louis XIV et de
Louis XV. Dispersés à la Révolution, ces précieux objets d'art
avaient en dernier lieu trouvé asile dans le cabinet de notre excellent ami M. Célestin Crépin, qui les tenait de M. Saint-Aubert,
artiste peintre en cette ville. A la mort de M. Crespin, on vendit
ses tableaux; nous avons acheté à vil prix les grisailles de
Gheraert; elles ornent aujourd'hui l'un des plafonds de notre
cabinet. Les peintures de ce maître sont extrêmement rares.

V.

L'ILE SAINT-GILLES AVANT L'AGRANDISSEMENT DE CAMBRAI.

L'Escaut principal, entrant à Cambrai par la *Tour des Arquets*
et l'*Escautin*, entourent une longue étendue de terrain nommée
l'*île Saint-Gilles*.

Cette île commence au moulin du *Plat-Farnières*, et se termine dans Cambrai même, à la hauteur du milieu de la *rue des Chevaux* et du *Magasin aux fourrages de l'armée*, où l'on rencontre la *rivière des Tanneurs*, nom donné à l'un des bras de l'*Escautin*, se dirigeant de l'est à l'ouest, vers le lit principal de l'Escaut, en face de la *caserne* dite de *Cantimpré*.

Après avoir pénétré sous les fortifications à droite, l'Escautin traverse le jardin des *Bons-Enfants* ou des *Fratrès*, devenu plus tard l'*abbaye de Prémy*, coule par la *rue du Paon* ou *des Moulins*, entre dans le jardin des *Cordeliers* ou des *Récollets*, passe sous l'église de ce couvent, dont la porte donnait sur la *rue d'Entrepont*, et tourne à gauche pour se rendre directement vers l'Escaut.

A gauche, ledit Escaut franchit les fortifications sous la *Tour des Arquets ou des Archers*, et coule entre la *Tour du Caudron* et la *burie ou blanchisserie du Paon*; puis sépare la cour de la caserne d'infanterie de Cantimpré, de l'endroit où s'élève aujourd'hui le tissage mécanique de toile pour les lits militaires, et rejoint une autre usine, confinant à la *rivière des Tanneurs*, aux eaux de laquelle l'Escaut se mêle avant d'arriver au *Pont-de-pierre* de la *porte Cantimpré* et à la *Tour des Amoureux*.

C'est ainsi que l'*Escaut* et l'*Escautin* servent de limites à l'*île Saint-Gilles intra-muros*.

Nous dirons au chapitre suivant quelques mots sur chacun des lieux arrosés par l'Escaut.

Perdue dans les brumes du fleuve, au milieu de marais remplis de joncs, de broussailles, et hantés par les oiseaux aquatiques, cette île vit plus tard les Romains s'installer sur ses bords à l'époque où Cambrai devint la capitale des Nerviens, après la destruction de Bavay. Nous avons constaté des traces de leur passage par la découverte, déjà ancienne, que nous avons faite de médailles, de débris de poteries, d'ossements et d'arêtes de poissons provenant de leurs repas, de petits carreaux et autres objets antiques, exhumés du sol de l'ancienne *Burie du Paon*, lorsqu'on fit creuser, il y a quelque quarante ans, les fondations néces-

saires à l'établissement d'une machine à vapeur, pour une blanchisserie de toiles, et la réorganisation d'un établissement de
bains.

Alors que l'enceinte de Cambrai ne s'étendait pas au-delà de
l'Escautin, dont les eaux coulent encore au pied des murailles de
l'ancien château, l'*île Saint-Gilles* tout entière faisait partie du
faubourg de cette ville. On peut encore, par l'étude de ses routes,
se convaincre qu'elles se dirigeaient vers le bas-quartier, arrosé
par les eaux du fleuve. Les faubourgs s'étendaient également du
côté du *château de Selles*, et tout aux alentours de la *Cité* proprement dite, car partout on rencontre des vestiges de l'occupation
romaine, là où l'on sait positivement que ces lieux ne faisaient
pas partie de Cambrai à cette époque.

La *Cité*, fort restreinte d'abord, s'est successivement agrandie,
de telle sorte qu'à la fin les faubourgs, devenus très-importants,
furent incorporés dans la ville. Mais ces agrandissements se firent
à des époques éloignées; le système de fortification qu'on y
employait était insuffisant, défectueux et devait être souvent
renouvelé.

On sentit enfin la nécessité de se garantir contre les incursions
des gens de guerre, routiers et voleurs de grands chemins, com-
mettant impunément toute espèce de maux et de déprédations
dans les faubourgs, et pénétrant jusque dans Cambrai, qui n'était
entourée que de palis de terre et de murailles trop faibles pour
résister aux coups de main des aventuriers.

Nous ne dirons rien des agrandissements de la ville entrepris
par l'évêque Dodilon, à la fin du IXᵉ siècle, ni de ceux exécutés
par Gérard de Florines, évêque de Cambrai, de 1013 à 1051.
Les travaux les plus intéressants pour nous, sont ceux exécutés
par le bienheureux Liébert, pour protéger l'église et l'abbaye du
Saint-Sépulcre, qu'il avait fait construire dans le faubourg, mais
qu'il se hâta d'entourer de murailles pour les mettre en sûreté.

« En che temps, l'évêque Liébert, Ellebaud et un Archidiacre
» de Cambray, nommé Walchier, firent ragrangir la chité de
» Cambray, adfin que l'abbaye et l'église du Saint-Sépulchre,

» qu'il avait faict faire, ne demourast hors de la chyté, et le fis
» enclosre de murailles et de fossez et ce fut en l'an 1064 ». (1)

On a vu par l'acte de fondation de l'abbaye du Saint-Sépulcre
que l'évêque Liébert donna aux religieux de Saint-Benoît *un moulin au faubourg de Cambrai*, sans autre désignation. Ce moulin,
situé sur l'*île Saint-Gilles* intra-muros, porta, au XIII° siècle, le
nom de *Moulin de Saint-Sépulcre d'Entrepont*. Une charte du
mois de juillet 1229, écrite en langue romane, contient les
charges incombant aux religieux du Saint-Sépulcre, à l'occasion
dudit moulin. (2)

On doit surtout à l'Évêque Gérard II (de 1079 à 1092) l'agrandissement de la ville. Il lui donna, à peu près, la dimension
qu'elle comporte de nos jours. La chronique de Jean Duchastel (3)
dit : « En 1080, Gérard, voyant qu'il estoit en paix, fict grand
» travail adfin que luy et ses gens pussent estre asseurés en leur
» temps et après luy en la chité de Cambray, il fist fermer toute
» la chité de murs de pierres et relever les fossés et édifier plu-
» sieurs tours. »

A dater de ce moment, l'*île Saint-Gilles* changea forcément
d'aspect. A l'extérieur, on détruisit des chaumières pour creuser
les fossés de la ville, élever les murs de la forteresse et construire
des tours pour la défendre. On détourna ses chemins pour les conduire par la porte de Saint-Sépulcre et celle de Cantimpré, et la
population du faubourg perdit beaucoup de terrain.

Si, à l'intérieur, les masures furent également ruinées,
pour organiser le terre-plein des remparts, on y gagna, par
contre, beaucoup plus de sécurité. Ce quartier de la ville
conserva néanmoins longtemps encore un aspect de campagne, et
fut habité par des blanchisseurs et des étuvistes; la cité cambré-
seinne s'arrangea fort bien de la sorte de ses nouvelles acqui-
sitions.

Un vieux souvenir du *faubourg Saint-Gilles* s'attacha longtemps

(1) Manuscrits 659 et 884 de la bibliothèque de Cambrai.
(2) Bouly. — *Dictionnaire historique de Cambrai*.
(3) Manuscrit N° 6, page 80.

à ce quartier, comme pour en rappeler l'origine : c'est son antique compagnie d'archers qui occupa, jusqu'au XVIIe siècle, un jardin de trois cents pieds de longueur dans la *rue du Chaudron*, auprès de la *Tour des Arquets* ou des *Archers*. Le nom de cette tour est interprété de différentes façons par nos historiens. M. Bouly, qui la nomme *Tour des Arquets* ou des *Archers*, ajoute : « Il est évi- » dent que le mot *Archers* n'est qu'une altération du mot *Arches*, » qui est le véritable ; car cette grande et belle tour, est celle » dans laquelle sont pratiquées les Arches par où l'Escaut entre » dans Cambrai » (1); et, dans un passage qu'on croirait avoir été écrit pour faire suite au précédent, M. Durieux dit : « et c'est » sans doute aussi à ces trois petites arcades que cette construc- » tion doit son nom de *Tour des Arquets*, *Tour des petits arcs*.»(2) Nous ne serions pas surpris si, l'un de ces jours, quelque pionnier de notre histoire venait à donner raison à tout le monde, en découvrant que cette *Tour des Arquets* doit aussi bien son nom aux *Arches* du pont qu'aux *Archers de Saint-Gilles*, dont la compagnie a pu parfaitement être préposée à sa défense.

Les renseignements que nous avons recueillis sur les diverses parties bien distinctes de l'*île Saint-Gilles*, nous engagent à diviser en plusieurs sections notre travail sur ce sujet.

1° *L'île Saint-Gilles intra-muros, première partie*;

2° *L'île Saint-Gilles intra-muros, deuxième partie*;

3° *Une page d'histoire de la Tour du Caudron et des fortifications voisines*;

4° *L'île Saint-Gilles extra-muros*.

(1) Bouly. — *Dictionnaire historique de Cambrai.*

(2) Durieux. — *La Tour des Arquets.*

VI.

L'ILE SAINT-GILLES INTRA-MUROS.

PREMIÈRE PARTIE.

Nous avons aux chapitres précédents parlé des divers agrandissements de Cambrai, force nous est d'y revenir sommairement
à propos du terrain de l'*île Saint-Gilles,* englobé dans l'enceinte
des fortifications.

Ce que nous avons dit des temps primitifs, doit nécessairement
s'appliquer aussi à la partie *intra muros* de l'île. Nous ne nous
arrêterons cependant pas à faire l'énumération de tout ce que nous
y avons trouvé d'objets antiques, car nous avons à fournir des
documents, la plupart inédits, sur l'histoire des rues de ce quartier
assez important de la ville.

On sait, par les anciennes chroniques, que le *Cameracum
Romain* ne s'étendait pas au-delà de l'Escautin, dont les eaux
baignaient les murailles de la ville primitive, le long des petites
maisons qu'on voit maintenant dans la rue Sainte-Anne, et que le
terrain surélevé servant de fortifications à l'enceinte de l'ancien
château, est en partie l'ouvrage des Romains. Ce fut à dater de la
ruine de Bavay que Cambrai prit de l'importance, et devint la
capitale des Nerviens. Les limites de la ville ne s'étendaient donc
pas, du côté de l'ouest, au-delà de l'Escautin de la rue Sainte-
Anne. La voie romaine qui se dirigeait en ligne droite de Bavay à
Cambrai, puis vers Arras, passait par les rues de l'Arbre à Poires,
de la Caille, des Clefs, et tournait, avec la rue des Ratelots, pour
descendre par les rues du Temple et des Récollets, jusqu'à la porte
de Cantimpré. Partout, dans cet itinéraire, nous avons retrouvé
cette voie romaine, désignée sous le nom de chaussée Brunehaut,
comme toutes celles existant alors dans le pays.

N'est-ce pas le cas de faire ici remarquer que M. C. Robert, dans sa numismatique de Cambrai (1) préfère adopter le système de M. le Président Tailliar (2) à propos de l'étymologie du mot Cambrai? « J'aimerais mieux, dit M. Robert, s'il fallait absolument trouver une étymologie au mot Cambrai, séparer les syllabes *Cam* et *bray*, qui signifient, suivant M. Tailliar, la première, sinuosité, courbure, la seconde marais, endroit bourbeux. » On est forcé de convenir qu'il serait difficile de se rapprocher davantage de la vérité que dans ce simple exposé, si l'on songe surtout que la voie romaine de Bavai arrive en ligne droite sur Cambrai, où elle décrit une courbe partant de l'est, vers le midi et l'occident, et qu'à ce dernier point, les ouvriers de la chaussée Brunehaut ont dû rencontrer de graves difficultés, à cause de l'endroit maré-cageux des bords de l'Escaut, qu'il fallait franchir, pour continuer la voie vers la cité des Atrébates.

Nous avons vu que le généreux évêque Liébert avait donné de grands biens aux religieux du Saint-Sépulcre, et que la plupart de ces biens étaient situés dans le *faubourg de Cambrai*. Pour en assurer la paisible possession, saint Liébert y ajouta le droit de juridiction, qu'on appela depuis Poësté (*Potestas*). Par extension on donna également ce nom « aux circonscriptions dans lesquelles s'exerçait ce droit. »

Le manuscrit de dom Lallemant, religieux bénédictin du Saint-Sépulcre (3), donne une idée de ce qu'était la Poësté de cette abbaye, lorsqu'elle en fit la cession à la ville de Cambrai :

« L'ancienne juridiction de cette abbaye, dit-il, s'étendait sur » un tiers de la ville et banlieue, et était administrée par un » maire, sept échevins, à la nomination de l'abbaye, ainsi que le » greffier, procureur d'office et sergent. L'abbaye, à la demande » du magistrat de la ville, lui fit cession de cette poësté, en en » retenant les droits utiles à l'exception des droits de lots et

(1) page 26, note 1.
(2) *Glossaire Celto-Belge.*
(3) Farde de l'abbaye de Saint-Sépulcre.

» ventes des mainfermes : *cette cession fut faite dans les inten-*
» *tions du bien public et d'une police générale.* »

...... » C'est à titre de sa fondation que l'abbaye est patronne
» et collatrice des paroisses de la Madelaine, de Saint-Georges
» et de Saint-Nicolas ;...... qu'elle nomme les grands clercs de
» ces trois paroisses, et qu'elle est décimatrice de la banlieue qui
» s'étend depuis la rivière de l'Escaut jusqu'à la chaussée de
» Valenciennes...... »

On le voit, le champ est vaste pour celui qui voudrait faire pour
toute cette région, le travail que nous avons entrepris, mais, fidèle
à notre programme, nous ferons en sorte de ne point dépasser les
limites que nous nous sommes imposées.

Nous ne sortirons donc pas, dans ces quatre chapitres, de l'*île
Saint-Gilles*, à moins que nous n'y soyons entraîné par quelque
document relatif au *moulin du Saint-Sépulcre de l'ancien faubourg
de Cambrai* ou aux lieux où il est situé.

Nous y pénétrerons avec le cours de l'Escaut, puisque c'est cette
rivière qui lui sert de limite. Nous verrons plus loin, au chapitre
du *moulin du Plat Farnières*, que les *engengnyeurs* réunis en cette
ville au XVI° siècle, décidèrent l'érection de plusieurs moulins.
Continuant leurs « *devises,* » ils s'expriment en ces termes : « Item,
» au dessoubs desdits moulins, la rivière se divisera en deux
» parties, dont la première partie tournera au pont de *Fratres*
» et de là ira son courant accoustumé, et l'aultre partie ira droit
» par le *pont du Glay*, laquelle avera largeur selon qu'il sera
» trouvé de raison, jusques au milieu de la *buïryc des cordeliers*
» et de là, la dite rivière se divisera en deux dont la moitié s'en ira
» son courant accoustumé par *dessoubs l'église des Cordeliers* et
» l'aultre par la rivière des *Tanneurs* en descendant en tournant
» par le *pont de pierres* et de là tournera par le *jardin de Bèvre* au
» travers des jardinaiges et s'en allant auprès de l'*hobelte des
» Lisses*, là où elle entrera en la grande rivière où seront tous les
» courans ensamble (1).

(1) Durieux. — *L'Escaut et ses Moulins.*

Les comptes de la ville de 1581 font mention d'un paiement fait « à *Amé Bourdon*, pour plusieurs parties par lui desboursez » aux ouvrages des molins nouvellement érigé aux *Fratrès*, etc. (1) »

Ce moulin, contigu au *collège des Bons Enfants*, fut appelé *moulin des Fratrès*, de même que la *tour d'Abancourt* porta le nom de *tour des Bons Enfants*, parce qu'elle s'élevait dans le voisinage du dit collège. On voit sur de vieux plans de Cambrai l'église et le clocher des *Fratrès*.

Le *collège des Bons Enfants*, dont les *Fratrès* étaient les professeurs, fut fondé en 1278 pour l'enseignement des Belles-Lettres. Cet établissement fut dirigé plus tard par les *Clercs de la vie commune*, à la tête desquels se trouvait le savant Chrétien Masseuw, appelé à Cambrai par l'évêque Jacques de Croy en 1509 (2); on les nommait indistinctement *Hieronimites ou Fratrès*.

L'abbaye de Prémy construite dans la banlieue de Cambrai, entre les marais de Cantimpré et de Cantaing, fut totalement ruinée lors des sièges de cette ville de 1581 et 1595. Forcées de rentrer en ville, les religieuses achetèrent le *collège des Bons Enfants* qui avait été très-florissant jusque là. « Mais les Jésuites » ayant été appelés en ville (par l'archevêque Maximilien de » Berghes), les écholiers abandonnèrent les *Fratrès* (ainsi qu'on » les appelait encore), pour courir chez les Jésuites qui estoient » alors en grande vénération (3). » Le jour de Pâque 1585, les soldats de la garnison de Cambrai ayant passé la revue, la *monstre*, Balagny voulut encore faire sortir six compagnies; les soldats refusèrent de marcher parce qu'ils n'étaient pas payés; ils retournèrent en leur logement chez les bourgeois « et la plupart au logis de M. d'Anneux, chanoine de l'église de Cambrai, demeurant près des *Fratrès*, d'autant qu'un capitaine était logé chez le dit chanoine, et s'en allèrent les dits soldats s'emparer du quartier

---

(1) Durieur. — *L'Escaut et ses Moulins.*

(2) Masseuw mourut à Cambrai, en 1546, après y avoir passé 37 années de sa vie.

(3) Manuscrit intitulé : *Mémoires chronologiques*, page 94.

Cantimpré, depuis la *Tour des Archers* (sic) jusqu'au *Pont Amou-reux*, duquel ils ôtèrent les planches pour interrompre le passage, et sur le *pont de pierre* mirent quelques barricades pour contenir ceux de la ville, dans la crainte qu'on ne les molestât. »

L'attitude prise par les soldats mit toute la ville en grand émoi, ne sachant ce qu'il allait en advenir, mais on sut bientôt par les révoltés eux-mêmes, qu'ils n'agissaient ainsi que pour obtenir la solde qu'ils n'avaient pas touchée depuis longtemps. On leur donna immédiatement satisfaction, sans toutefois les faire changer de manière d'agir « nonobstant que M. De la Fontaine; lors gou-verneur du Chastelet (le Câtelet près Cambrai) s'était à la requeste de M. de Balagny, efforcé de les appaiser, n'y voulurent enten-dre, de sorte que l'on fit braquer quelques pièces de canon devant la *maison des cordeliers* pour de là tirer sur eux à grands coups. Ce que voyant, ils s'accordèrent et conclurent à sortir de la ville à condition que M. De la Fontaine leur donnerait un mois de gages. »

Lorsqu'après le siége de 1595, l'*abbaye de Prémy* eut acheté le *collége des Fratres*, cette maison fut reconnue trop étroite, et l'abbaye dut faire l'acquisition des terrains environnants. *La maison de Paillencourt* leur fut vendue par Mathias de Bracq, ce qui ferait supposer que la *rue de Paillencourt* fut alors incorporée à la dite abbaye, car on n'entend plus parler d'elle dans la suite.

RUE DE PAILLENCOURT: *vicus de Pailliencourt*, citée dans le manuscrit de l'abbé Tranchant, sous la date de 1252. Un manuscrit de M. Faille cite la *rue de Pérard de Paillencourt* en 1261 (1), et nous trouvons une propriété qui, en 1463, faisait-touquet (coin) *de la rue des Moulins et de Paillencourt*.

LA RUE DES MOULINS (*vicus Molendinorum*) est citée dans le livre aux partitions des prébendes de l'Église collégiale de Sainte-Croix en 1242. Le même manuscrit lui donne le nom roman de *rue des Muelins*; un autre manuscrit l'appelle *rue des Mollens*, à propos d'un héritage vendu en la dite rue.

(1) Farde des rues de Cambrai. — Pièces générales.

Du XIIIe au XVI siècle on l'appelle aussi *rue des Bons-Enfants*.

En 1482, un atelier pour la fabrication des méreaux (petites monnaies de cuivre), est établi par les soins du chanoine J. Morin, *rue des Moulins*, *proche la maison du Bonpuich* (1).

Le 24 novembre 1547, Georges d'Esclaibes, escuyer, donne à bail à Nicolas Petit, plusieurs louages *« séans rue des Mollins. »*

L'archevêque François Vander Burch fit construire en 1641 *le moulin Clicoteau* « sur la rivière ou canal fluent en la ville, travers les héritages des dames de Prémy et des pères Récollets » et pour éviter les débordements de l'Escaut, fit faire un canal pour faire écouler les eaux en dessous du moulin (2).

A partir de cette époque, la *rue des Moulins* prit le nom de RUE DU MOULIN CLICOTEAU, ainsi qu'il résulte d'un acte passé pardevant les échevins de la *poésté* de l'abbaye du Saint-Sépulcre, pour vente d'une *maison et burie size en la dite ville appelée vulgairement la burie du Paon*, *en la rue du moulin du Clicoteau*, tenant au jardin et héritage de l'abbaye de Prémy, à la rivière du Paon (l'Escautin) et à trois petites maisons, etc. (3), mais comme toute chose passe en ce monde, la *rue du moulin Clicoteau* dut céder la place à un autre nom et se résigner à être détrônée par la RUE DU PAON, nom assez ancien du reste, puisqu'on le trouve dans les comptes de la ville en 1447 (4); ce nom resta définitivement acquis. C'est encore celui-là que porte aujourd'hui la dite rue.

En 1789, on l'appelait *Grande rue aux Chevaux*, probablement à cause d'un abreuvoir pratiqué dans l'Escaut à l'extrémité de cette rue (5). Aux mauvais jours de 1793, on la nomma, ainsi que la Petite rue aux Chevaux : *Rue du Secours*.

---

(1) Manuscrit 953 de la bibliothèque de Cambrai. — Citation de M. Ch. A. Lefebvre. — Mémoires de la Société d'Émulation, t. XXXI, 1re part., p. 253.

(2) Ce moulin fut démoli du temps de l'Archevêque, Charles de Saint-Albin.

(3) Farde aux rues de Cambrai.

(4) A. Durieux.

(5) Bruyelle. — *Indicateur des rues de Cambrai.*

C'était en la rue des Moulins que se trouvaient les *maisons et estuves du Glay* lesquelles ont donné leur nom à l'un des bras de *l'Escautin*.

M A. Durieux nous apprend, d'après les comptes de la ville, de 1475-1476 (1), qu'il existait alors à Cambrai une Société Joyeuse, dont le chef ou président prenait le titre de *Prince du Glay* ; ce nom s'étendait à la Société elle-même. Il paraît évident que son siége devait être dans « *les maisons et estuves du Glay*, » car on sait le genre de contes et de *joyeusetés* qui se débitaient dans ces sortes d'établissements.

Le nombre de Sociétés de *Joyeuse Folie*, de *Liesse*, de *plaisance*, *des sots*, était considérable au moyen-âge. Chaque quartier, presque chaque rue ou *voisinage* avait la sienne ; toutes ne se produisaient pas à l'extérieur ; il est vrai, mais partout on savait s'amuser. Il n'était pas rare d'entendre parler du « *sot d'no' rue*. »

VII.

L'ILE SAINT-GILLES INTRA-MUROS.

DEUXIÈME PARTIE.

LA RUE DES PRÉS p. r laquelle nous aurions dû peut-être commencer le chapitre précédent, parce qu'elle rappelle davantage l'état primitif de l'île Sainte-Gilles, n'est pas mentionnée dans le manuscrit de l'abbé Tranchant, que nous possédons sur les rues

(1) Les artistes cambrésiens, p. 10.

de Cambrai. Ce manuscrit du savant abbé relève « *les noms des*
» *rues et d'autres lieux de la ville dont il est fait mention dans les*
» *vieux titres de l'église collégiale de Sainte-Croix.* »

« Savoir : 1° dans un titre aux partitions des prébendes de l'an
» 1242 ; 2° dans un rouleau contenant le *dénombrement de la*
» *mairie de Sainte-Croix* fait du temps que Guillaume de Créky
» était doyen de l'église de Cambrai, » c'est-à-dire de 1321 à
1343 (1).

Peut-on conclure, de l'omission de l'abbé Tranchant, que la
rue des Prés n'existait pas encore aux dates précitées, et que les
limites de la ville ne s'étendaient pas jusque-là ? ou bien que les
Prés étaient alors restés sans constructions assez importantes pour
en former une rue ? Ces questions ne seront sans doute pas réso-
lues de si tôt, mais nous mentionnerons ici pour mémoire, que la
Tour d'Abancourt fut construite en 1459 sur le *pré Cosset*, dont
la *rue des Prés* faisait sans doute partie.

La rue des Prés ne changea de nom que lorsque la *maison et*
établissement du Caudron, qui s'y trouvait, devint assez populaire
pour lui imposer le nom de son enseigne : « le sixiesme jour de
» novembre, en 1527, fu mis au dit ferme, ung chirographe
» contenant ung certain arrentement baillé par Nicolas Dès et
» damoiselle Catherine de Charon, sa femme, demeurans à Hau-
» bonniers, à Jehan Darras et Marguerite Marcotte, sa femme,
» demeurans en Cambray, *d'une maison et héritaige nommé le*
» CAUDRON, *séant en Cambray* EN LA RUE DES PRETS. »

Nous supposons que la *rue des Prés* formait la continuation de
la *rue Saint-Fiacre*, tout le long du Rempart, depuis cette dernière rue jusqu'à l'Escaut, vers la *Tour du Caudron;* que les
maisons qui s'y trouvaient avaient accès également dans la *rue des*

(1) Guillaume de Créky devint évêque de cette ville.

Moulins ou du Paon; mais que les maisons de la *rue des Prés* étant devenues une cause de gêne pour les travaux de fortifications, une partie de cette rue aura été prise pour élargir les remparts, et l'autre partie vendue probablement aux riverains de la *rue du Paon.*

Le motif de notre supposition se trouve dans *le Jardin des archers de Saint-Gilles* occupant trois cents pieds de longueur dans la *rue du Caudron,* lequel fut acheté par l'abbaye de Prémy, ainsi que « *la maison et burye nommé le Caudron,* » *rue du Paon,* incorporée également dans son enclos.

LA TOUR DU CAUDRON portait aussi, mais plus rarement, le nom de *tour Caudry,* qu'on pourrait prendre pour une altération du mot *Caudron,* mais il n'en est rien; car ce nom lui vient de la *rue Caudry,* donné à la *rue du Caudron* par « l'héritaige *Pierrart de* » *Caudry, séant derrière les Cordelois,* ou soloit tenir estuves » Maroye Braye, joignant au coing de l'eave. » Cette citation est extraite de la reconnaissance de l'appointement de Wallerand de Luxembourg, de 1354, faite le 7 avril 1407, par Pierre d'Ailly. On y voit que *Pierrart et Pierre de Caudry* ne font qu'un seul et même personnage. *Pierre de Caudry* appose sa signature, en qualité de clerc, au bas de l'acte même dans lequel il est question de son *héritaige.*

LE QUARTIER D'ENTREPONT. On désignait ainsi, dit-on, tout le quartier de la ville compris entre les ponts de l'Escautin et les ponts de l'Escaut proprement dit; sans vouloir contredire cette assertion, nous ferons remarquer qu'il y avait dans Cambrai un endroit plus particulièrement désigné sous le nom d'*Entrepont.* C'est ainsi que nous trouvons *le moulin d'Entrepont* donné à l'abbaye du Saint-Sépulcre, par l'évêque Liébert, en 1064. *La porte d'Entrepont,* en 1229, suivant le manuscrit de l'abbé Tranchant. *La croix de Entrepont* devant la porte des Cordelois, en 1443. *La rue d'Entrepont* à diverses époques, et qu'enfin au-delà

« de l'Escaut proprement dit, » se trouvait le *faubourg d'Entre-pont.*

Le moulin du faubourg de Cambrai, désigné dans la charte de l'an 1064, fut compris dans la ville lors de son agrandissement et connu depuis sous le nom de *Moulin de Saint-Sépulcre d'Entre-pont.* Un titre du mois de juillet 1229 fait connaître les charges incombant aux religieux à cause dudit moulin. Le manuscrit N° 933 de la bibliothèque de Cambrai cite sous cette date « *le muelin qui a nom Muelin Saint-Sépulcre d'Entrepons* » (1). Vers la fin du XVIIe siècle, l'abbaye vendit ce moulin à Mg^r de Bryas, prédécesseur de Fénelon.

La porte d'Entrepont était peut-être la même que la *porte d'eau* au dire de M. de Bouly. Cet auteur ajoute que la *porte de Cam-timpré* était quelquefois nommée *porte des Moulins* (page 156), *porte de Pierre, porte d'Entrepont.* M Faille émet la même opi-nion, avec d'autant plus de raison, que le *faubourg Cantimpré* est nommé *faubourg d'Entrepont* dans un titre de 1220, (archives de saint Julien); *Folbord d'Entrepons,* en 1248 et 1255 (archives des chartriers) (2). Il ne faut pas oublier qu'alors un bras de l'Es-caut nommé *Escaudet,* quelquefois aussi *Escautin,* traversait le *faubourg Cantimpré* et rentrait dans le lit principal au-delà de Cambrai, vers le *Pont-Rouge.* C'était donc avec raison qu'on donnait le nom d'Entrepont à la partie du faubourg comprise entre l'Escaut et l'Escaudet, et peut-être à d'autres lieux plus rap-prochés du Cambrai actuel, ou faisant même partie de la ville d'alors.

La Croix de l'Escaupont. —Il en est fait mention en 1443. Elle s'élevait devant la porte du couvent des Cordeliers, ou des Récol-lets, actuellement le magasin aux fourrages, et faisait face à la

(1) Wilbert. — *Anciens monuments de Cambrai*, page 55. — Bruyelle. *Dictionnaire topographique de l'arrondissement de Cambrai*, p. 180.

(2) Bruyelle. — Id. id. id.

porte de Cantimpré, au centre du carrefour formé par la rue des Récollets, la rue des Feutriers, la rue du Trou-d'Enfer ou des Tanneries et la rue de Cantimpré. C'était l'une des *sept croix de justice* où les criminels allaient faire amende honorable, et où ils étaient quelquefois fustigés, selon le crime qu'ils avaient commis. Ces croix étaient en fer avec piètement en grès Nous avons retrouvé l'un de ces soubassements au pied de l'auberge du *Miroir,* où il servait de borne, entre la porte d'entrée et celle du couvent des Cordeliers. Le propriétaire a bien voulu nous céder cette épave historique.

La rue d'Entrepont figure dans la nomenclature manuscrite de l'abbé Tranchant. Un autre manuscrit nous dit que « le 29ᵉ jour de may, en 1466, fut fait et baillé l'arrentement viager par frère Michel de Couchy, prêtre et procureur de l'église et monastère de Cantimpret au pourfit de Jehan Delwarde, tanneur, et demiselle Alipse de Faly, sa femme, ... de une maison pourpris et héritaige séant en la *rue d'Entrepont, nommé l'hostel Glaingèle* » (1).

Une maison dite les *Cariots* (communauté religieuse de femmes?) se trouvait *rue d'Entrepont* « devant le monastère Saint-François (1497); il y avait aussi les *estuves des chariotz* joignant l'*Escaudel* (1461), enfin y voyait encore *la brasserie du Blanc-Lion,* appartenant à Martin de Bonneguies, brasseur à Cambrai en 1545 » (2).

La RUELLE DE BELLAU, ignorée jusqu'à ce jour, se fait connaître dans un chirographe de 1457 : « Lettres d'arrentement fait et » baillé par frère Willaume de le Sau, prêtre et religieux de » l'église Notre-Dame de Cantimpret, à Jacques Villain et Marie » Briquet, sa femme, d'ung héritage amazé d'une grange à » ladicte église appartenant, *vers le pont de pierre en la ruelle* » CON DIST DE BELLAU. »

LA PETITE RUE AUX CHEVAUX. — C'est au milieu de cette rue

(1) Farde des rues de Cambrai — pièces générales, — et même farde, vol. 5.
(2)   Id.   id.   id.   id.

étroite, tortueuse et conduisant à la *rue du Paon* et à la rue Cantimpré, que se trouve un pont jeté sur la *rivière des Tanneurs*, laquelle n'est autre chose que le bras de l'Escautin venant des Récollets. Il existe toujours des tanneries dans ce quartier de la ville.

Au baptême républicain de 1793, la petite Rue aux Chevaux reçut le nom de *rue de la Philantropie*, suivant M. Faille (1), et suivant M. Bouly, *rue du Secours*, par un autre décret sans doute.

Le Couvent des Cordeliers. — Nous avons vu que l'Escautin passait sous l'église des Cordeliers et nous en avons été quelque peu surpris. Cette particularité bien rare, n'empêcha pas d'y sépulturer en 1453 le célèbre chroniqueur Engherrand de Monstrelet, écuyer, bailli du chapitre Notre-Dame en 1436, prévôt de Cambrai en 1444, et bailli de Walincourt en la même année. Ses funérailles se firent en grande pompe. « Il fut porté en ung portatoire envelloppez d'une natte, vestus en habits de Cordelois, le visage au nud (2). »

L'entrée des Cordeliers était dès le principe dans la *rue des Moulins* « mais en 1411 ils en firent une nouvelle sur la rue et en devant de la croix dite d'entrepont. »

La partie du jardin des Cordeliers située en face de la porte de l'église représentait le *jardin des Oliviers* et en portait le nom, une quantité de personnages en pierre sculptée, de grandeur naturelle y représentaient la passion du Sauveur. Ce jardin servait de *sépulture aux suppliciés.*

Pour assurer sa domination tyrannique, Bauduin de Gavre, baron d'Inchy, qui avait usurpé le gouvernement de Cambrai, en

---

(1) Farde des rues de Cambrai — pièces générales,— et même farde, vol. 5.

(2) Voir sur Monstrelet les mémoires de la Société d'Émulation de Cambrai, 1808, p. 76; — une notice de Buchon en tête de l'édition du *Panthéon littéraire*; — le bulletin de la Commission historique du Nord, t. IX, p. 365; — le *Magasin pittoresque*, t. XXIX, p. 159; — le *Dictionnaire historique* de M. Bouly, p. 382, etc.

chassant son prince légitime, l'archevêque Louis de Berlaymont,
Banduin ne recula devant aucun acte de la plus odieuse violence
Il faut liredans l'histoire de cette ville, les lignes lamentabies
écrites à cette occasion. L'une de ses victimes, obligée de s'expa-
trier, écrivit un poème satirique et virulent contre le baron d'Inchy
et contre tous ceux qui, à tort ou à raison furent soupçonnés
d'avoir favorisé sa cause. Ce pamphlet manuscrit est resté inédit.

Nous lui ferons quelques emprunts relatifs aux sujets que nous
traitons.

Le 19 mars 1580, jour où l'église célèbre la fête de Saint-Joseph,
maître *Laurent de Vos*, directeur de la maîtrise métropolitaine, et
excellent musicien, fit exécuter à Notre-Dame un motet de sa composition et dont les paroles choisies dans les psaumes, retra-
çaient tous les maux dont la ville était accablée. Le baron
d'Inchy, qui était présent à la cérémonie, en fut si irrité, qu'il fit
immédiatement traîner en prison le digne prêtre et le fit pendre
le même jour sur le grand marché de Cambrai, en présence d'une
foule immense et des huit enfants de chœurs confiés à ses soins.
Son corps fut porté en terre aux Cordeliers (1).

....
Mes bons bourgeois, mes enfants, mes amys,
Mes patriots, soyez tous bien unys,
....
Permettez-vous qu'ung bon maistre de chant
Soit gehinné, pendu comme ung meschant,
....
Trois fois heureux tu es mon amy *vos*
....
Point arrivé à l'âge de trente ans !
....
Que puiss' avoir d'albastre ung monument
Digne de toy à tousjours permanent.
Puiss' tu avoir pour mente (manteau) et victoire
De Paradis et la joye et la gloire.

(1) *Mémoires chronologiques*, manuscrit de notre cabinet, publié par Bouly.

Soyez benys de chœur les huyct enfans
Quy son corps mort, pleurants et gémissans
Aux Cordeliers le suyvant pas à pas
Ont enterré le jour de son trépas. (1)

Un autre de nos manuscrits (2) raconte que ces huit enfants de chœur « chantoient d'un ton si lamentable qu'on ne pouvoit les » entendre sans fondre en larmes avec eux, » et il ajoute dans son enthousiasme « que *l'auteur du poème du trouble de Cambray* s'est » surpassé dans la peinture de cette exécution. »

« On m'a raconté qu'ils chantèrent pendant la messe (du ser- » vice) un nouveau motet dont les paroles étaient : *Ex ore infan-* » *tium Deus precepisti laudem, ut destruas inimicum ultorem.* » C'est-à-dire : *Vous recevrez, Dieu tout puissant, les louanges que* » *vous chantent des enfants, leurs cris vous rendront sensible à leurs* » *malheurs, vous détruirez l'ennemi de votre Christ et le fléau de* » *votre peuple.* »

« Cette prière fut efficace dans la bouche d'une innocente jeu- » nesse, et le baron d'Inchy fut tué moins d'un an après le *jour* » *même des Innocents.* Ainsi se vérifia la prophétie des enfants de » chœur. »

Un lundi matin, c'était le 11 septembre 1589, les soldats de Balagny s'emparèrent de plusieurs bourgeois parce qu'il « fut découvert machination qui s'était faite sur la citadelle pour la surprise d'icelle. » Ils furent conduits au gouverneur et le jeudi suivant, jour de Sainte-Croix furent décapités Bon Lemaire, Michel Crestaud, apothicaire, Robert Comart, Charles Culiers et trois soldats avec eux... »

« Les corps des dits bourgeois furent mis en terre chacun au cimetière de leur paroisse et leurs têtes furent mises et clouées avec les autres têtes des trois soldats sur une potence devant la

(1) *Les Troubles de Cambrai au XVI*[e] *siècle.* — Manuscrit, fol. 52, 64, 65.
(2) *Histoire de Louis de Berlaymont, archevêque, duc de Cambray.* — Ma-nuscrit in-folio, de l'abbé Tranchant.

citadelle..... et y furent jusqu'à la reddition de la ville au mois d'octobre 1595, et lors l'illustrisime Louis de Berlaymont archevêque de Cambrai, les fit mettre bas, et furent portés honorablement en terre à *Saint-François.* » (Aux Cordeliers).

Les Cordeliers ou *Franciscains* adoptèrent en 1600 l'institut des Récollets (1).

Des piliers existaient jadis au milieu de l'Escaut à proximité du moulin à vent de Cantimpré ; l'un d'eux tenta un beau jour un noble personnage, ayant nom dom Laurens de la Villavicencio Il sollicita et obtint la permission d'élever sur ce pilier une maisonnette de plaisance. Quelque singulière que puisse paraître une idée de ce genre, il faut convenir que cela ne manquait ni de pittoresque, ni d'originalité et que le lieu était parfaitement choisi pour s'y livrer soit aux études, soit aux douceurs du repos après une journée de fatigues, ou bien encore au plaisir fort inoffensif de la pêche. Dom Laurens de la Villavicencio devait être un riche et grand seigneur, habitant Cambrai au XVIIe ou au XVIIIe siècle, si l'on en juge d'après un joli cadran solaire que nous avons vu , portant le nom et les armes de cette maison. Ce cadran devait orner à n'en pas douter, son jardin situé à proximité sans doute de la singulière « *hobette* » de plaisance construite au milieu de l'Escaut.

Les fortifications du côté du *Plat Farmières* , de l'*île Saint-Gilles* et du *faubourg* de ce nom jouèrent un trop grand rôle à la fin du XVIe siècle pour ne pas mentionner ici ce qui les concerne, et en particulier la *tour du Caudron,* du *chaudron* ou de *Caudry*, laquelle se trouve à quelques pas de la *Tour des Arquets* , vers le nord-ouest.

Des nombreuses tours qui défendaient anciennement Cambrai, la *tour du Caudron,* était la plus spacieuse et la mieux ornementée; cinquante hommes et plus pouvaient facilement s'y loger. Chacune de ses larges embrasures était garnie de deux bancs de grès, et sa

(1) *Gallia Christiana.*

haute cheminée était assez grande pour y rôtir un mouton tout entier.

Avant la construction du fort, protégeant tout à la fois aujourd'hui le pont et la porte Cantimpré, la caserne d'infanterie, la tour des Arquets et l'accès du canal de l'Escaut, la *tour du Caudron*, formait l'angle de la grande ligne de défense partant du fort Saint-Georges, jusqu'au vivier de Cantimpré d'une part, et de la porte Cantimpré audit vivier d'autre part.

Sentinelle avancée, cette tour servait de point d'observation sur tous les environs. De la guérite de pierre au toit cônique et à l'escalier en spirale qui se voyait jadis pardessus la tour et qui existe encore en partie au nord, l'archer ou l'arbalétrier faisant le guet, pouvait donner l'alarme aux hommes de guerre, car de quelque côté que se présentât l'ennemi, soit dans le *faubourg Saint-Gilles*, soit dans la direction de la *châtellenie de Cantimpré* et même au-delà, vers les hauteurs de fontaine Notre-Dame, et de Sainte-Olle, tous ces lieux étaient dominés par la *tour du Chaudron*.

Pour ne pas allonger indéfiniment le présent chapitre, nous avons pensé d'écrire à part, *une page d'histoire de la tour du Caudron et des fortifications voisines*. Le chapitre que nous leur consacrons servira en quelque sorte de *trait d'union* entre ceux concernant l'*île Saint-Gilles intra-muros* et le chapitre de l'*île Saint-Gilles extra-muros*.

Nous y verrons le parti que les bourgeois surent tirer de cette *tour*, durant le drame émouvant qui se déroula dans nos murs en 1595, et qui amena la *fin du règne de Balagny*. Sous ce titre, M. Eugène Bouly a parfaitement écrit cet épisode, mélange d'histoire et de roman, dans le premier volume de la *Revue cambrésienne*.

VIII.

UNE PAGE D'HISTOIRE DE LA TOUR DU CAUDRON
ET DES FORTIFICATIONS VOISINES.

En l'année 1595, lorsque les bourgeois de Cambrai résolurent de secouer le joug que Jean de Montluc, seigneur de Balagny, faisait peser sur la ville et sur la citadelle, où il régnait plus en tyran qu'en véritable gouverneur, ce fut de la *Tour du Caudron* que sortit la délivrance de la cité. Mais avant d'en arriver à cet heureux résultat, combien de ruines accumulées dans Cambrai ; que d'incendies allumés dans ses faubourgs, quels ravages dans toute la contrée !

Le manuscrit dans lequel nous puisons tant de détails curieux, est un journal du siége de 1595, écrit par un religieux du Saint-Sépulcre à mesure que les nouvelles parvenaient jusqu'à lui. Ce manuscrit fut publié en partie par Madame Clément-Hémerie, mais d'une manière fort incomplète. Au lieu de n'en donner que des extraits relatifs à la *Tour du Caudron* et à toute cette partie de nos remparts, nous voudrions publier le manuscrit en entier. Nous ferons cependant en sorte de compléter les faits principaux et de faire connaître succinctement quel fut le dénouement de ce drame mémorable.

Le comte de Fuentes avait mis le siége devant Cambrai...

« ... Les bourgeois ne cessoient de besoigner aux fortifications de la ville, à faire des parapets, embrasseures aux canons et plates formes ès-lieux plus nécessaires et estre nuictz et jours en gardes tellement que les bourgeois le plus souvent n'avoient que ung nuict bonne pour eulx rafreschier et personne n'en estoit exempt... comme aussy le semblable se faisait en la citadel et jusque à la dame de Balagnie, ses enfans et damoiselles y portaient la hotte et la mande à deux... »

Cependant les travaux du siège avançaient toujours, Balagny répandait chaque jour la fausse nouvelle que des secours lui étaient envoyés de France, il pensait par ce moyen relever le courage des bourgeois qu'il croyait abattu, mais ce qu'il prenait pour du découragement n'était en réalité qu'un sentiment d'aversion pour lui L'impatience des bourgeois trop longtemps comprimée était à son comble lorsqu'un soldat gascon, pris au camp des espagnols, fit courir le bruit d'un assaut prochain. Cette nouvelle jointe aux faits et gestes de Baligny et de ses gens, firent « qu'aucunes compagnies bourgeoises furent en délibération de s'aller rendre au marchez en armes et demander d'avoir ung appoinctement en temps et heure et porquoy effectuer Gilles Noirremant, brasseur de l'Espée, estant de la compagnie de Nicolas Sarre « l'aisné quy estoient en arme à leur cartier, scavoir » à la *Tour de Caudron* se transporta avecq deux ou trois de ses » compagnons par aucunes compagnie bourgeoise remonstrant » tout ce que dessus. » (f° 26)

L'entreprise de Norremant échoüa, Balagny ayant été prévenu de ce qui se passait, le gouverneur de Cambrai se rendit immédiatement sur les remparts pour « se rasseurer des bourgeois » disant qu'il voulait vivre et mourir avec eulx, mesme que sa » femme et enffans estoient en la ville, denyant fort et ferme » qu'aucuns des bourgeois, ny d'autres, eussent retiré leurs » biens en la citadel. Toutefois, comme il passait de compagnie » en compagnie estant sur les remparts à la dicte *Tour du Caudron* » en faisant ses remontrances, il y eut ung moyen bourgeois » nommé Jean Testard quy luy vouloit remonstré l'occasion pour- » quoi les bourgeois désiroient ung appointement, fust qu'il ne » vouloit ouyr parler d'appointements, ou que le dict bourgeois » ne parloit point bien à sa fantaisie, le voulut constituer pri- » sonnier, sur quoy comme le dict bourgeois résistoit fut par ses » compagnons secourut qui crièrent: armes! et s'y opposèrent » formellement quoy voyant le seigneur de Fontenelle tira son » espée jusque à demy et que sy eust achevez de tirer ycelle le

» dict Ballagny et luy estoient en hazar d'estre tuez, toutes fois
» ce ne fut rien pour ce temps-là et fut le tout appaisez. »

Peu après les bourgeois se retirèrent vers la porte Cantimpré
« et baricadèrent le pont de Pierres de la grande rue de Cantimpré, » mais leur projet échoua de nouveau par l'arrivée du
sieur de Vic à la tête de trois cents cavaliers environ, très-bien
armés et garnis de bonnes piques, envoyés par Ballagny « vient
» aussy faire une ronde depuis la porte Cantimpret, jusque
» environ la porte de Saint-Georges, pour intimider ces susdits
» bourgeois, et de faict plusieurs furent en grande crainte, puis
» un quart d'heure après arriva ung autre compagnies des gens
» biens armés à chevaux, estant chascun aussy garnis d'une
» picque au lieu de lance, lesquelz se vindrent ranger en bataille
» au pied du remparts allendroit de *la rue des chines* (des cygnes)
» et aussy tost fut retirez la compagnie du dict Nicolas Sarre, qui
» estoit establie à la *tour Caudron* et mené pour corps de garde
» en la maison de ville, et le capitaine Boydin quy menoit la
» compagnie bourgeoise de la rue Cantimpré et quy estoit en
» garde à la *tour aux arquetz*, fut mis en la place du dict
» Nicolas Sarre et en la dicte tour, furent mis et passé aucuns
» soldatz partyes Wallons, partyes Français et par ainsy fut la
chose appaisé sur la minuict (folio 29) »......................
....

« On estimoit que le dict Gilles Noirmand quy estoit descendus
» et avallés jus du rampart et wydé hors de la ville par la dicte
» *tour caudron*, et s'estant allez rendre au camp qu'il feroit tout
» delvoir d'advertir son exellence le comte de Fuentès de tout ce
» qu'il se passoit en la ville, et de la volontez qu'avoient les
» bourgeois à prendre le partie de son prince naturel......
Balagny se doutait bien que « la fuite et échappement du dict
Noirmand » devait se rattacher à une vaste conspiration contre sa
souveraineté en faveur de sa majesté catholique. De concert avec
sa femme, la fière et orgueilleuse Renée d'Amboise, que le chroniqueur compare à Jézabel, Balagny voulut frapper un grand coup

en préméditant de faire trancher la tête « à noble homme Anthoine de Villers, seigneur de Lihove, de Ligny-en-Cambresis, lequel ils cognoissoient homme de guerre et par ce exécuter quelque bonne affaire, l'occasion se présentant, et qu'il avait estez cause de telle esmotion, attendu mesme que le peuple disoient ouvertement qu'il convenoit audit Lihove qu'il fut chef des bourgeois et que le dict Noirmand avoit estez autrefois fourier de sa compagnie. » Mais Lihove était innocent, il fut averti des desseins du Gouverneur de Cambrai et paya d'audace en se rendant à la citadelle auprès de Renée d'Amboise « car de parler à son mary ce n'estoit comme rien, d'autant qu'elle faisoit et deffaisoit tout. Renée le reçut d'abord avec une misne assez refroygnie » et sans presque faire attention à lui, mais « tost après vint aborder le dit Lyhove avecq une face toute aultre et avecq blandissement (flatterie) » lui demander pourquoi il paraissait courouché. Il avoua tout savoir, et venait se constituer prisonnier en disant qu'il se déclairait « party contre tous ceulz quy voudroient de ce l'accuser, ce qu'elle nya fort et ferme, disant qu'elle, et son mary navoient point cest oppinion la de luy, et avecq doux et traictable propos, voires avecq embrassements et baissers, le receupt et pourmèrent loing temps ensemble comme aussy fist-il avecq le dictz seigneur de Balagny. Aussy la chose se passa en ceste façon estant comme au disner le dict Lyhove avecq le dict Ballagnie avecq telle bonne audace leur fit avoir bonne opinion de luy. »

Nous avons dit que Anthoine de Lyhové, seigneur de Willers et de Ligny, était innocent des accusations portées contre lui; c'était un homme aussi franc que loyal, dont le caractère chevaleresque plaisait à tout le monde. Son aventure avec Balagny et Renée d'Amboise courut toute la ville, et le peuple, qui l'aimait, regrettait de voir un tel homme au service d'une telle cause. Lui-même le déplorait aussi, parce que le peuple avait toutes ses sympathies, et qu'il le déclarait hautement. Tous le désiraient pour chef de la bourgeoisie, mais nul n'osait lui en faire l'ouverture; cependant l'occasion lui paraissait plus opportune que jamais de secouer le joug odieux, sous lequel la ville gémissait depuis si longtemps. Les personnes les plus notables de la cité, et les capitaines des compagnies bourgeoises finirent par s'entendre et résolurent de se rendre chez Anthoine de Lyhove. A la tête des conjurés se trouvait « son frère Jean de Villers, seigneur de » Fagnolet, Philippe de Quellerye, capitaine d'une compagnie de » bourgeois, le capitaine Tacqnet, aussi capitaine d'une compagnie » de cavalerie wallonne et Léonard Pipart, praticien de la ville » de Cambrai. » Ils parvinrent à décider de Lyhove à se mettre à la tête des forces cambrésiennes, et tandis qu'ils délibéraient sur l'organisation de la révolte, on vint les avertir que leurs têtes étaient mises à prix par l'infâme Balagny. Un profond silence se fit aussitôt dans l'assemblée, il fut interrompu par Pipart qui fit ressortir l'excellence de leur cause et termina en disant « que Dieu leur seroit en ayde, attendu qu'ils ne vouloient tuer n'y mourdrer n'y desrobber personne, mais seullement de venir à ung bong appoinctement avec sa majesté catholique et *réconcilier avecq Monseigneur le revérendissime* (Louis de Berlaimont, arche-vêque de Cambrai), notre Seigneur et prince naturel. » Ce discours électrisa les conjurés, qui jurèrent de faire chacun leur devoir. Le lendemain avant l'aube du jour, toutes les compagnies bourgeoises, enseignes déployées, se rendaient sur le grand marché, le peuple prenait les armes, et plus de huit cents hommes se mettaient aux ordres du sieur de Lyhove.

Jean de Villers, son frère, n'eut pas de peine à neutraliser le régiment suisse à la solde de Balagny et dont le mécontentement était à son comble parce qu'il n'était payé qu'en mauvaise monnaie obsidionale, avec laquelle on mourait de faim, tout le monde refusant de la recevoir. Des barricades s'élevèrent instantanément sur la place d'armes, et des pièces de canon braquées vers la citadelle et la place au bois, tinrent en respect les troupes fran-çaises ; « d'autre part les bourgeois du cartier de Cantimpré soubs » le cappitaine Quelleries, Boydin et mettre Fiacre Segar avecq » encor aultres bourgeois des autres compagnyes, *vaillatñent*

» *s'emparèrent* de la porte de Cantimpret et aussitost bariscadè-
» rent le *grand pont de pierre*, celui *de la tour des arquetz* et rom-
» pirent *le pont amoureux*, vrayes retraictes pour les bourgeois
» s'il leur fust advenu aultrement que bien, et la vraye crainte
» des François, quy leurs estoient comme une contre citadel...
» (f° 40)... fut résolut entre eux d'envoyer vers le comte de
» Fuentès au camp, un personnage et bourgeois qualifiez pour
» traicter d'appoinctement. Par les bourgeois de la ville, furent
» députés M. de Fagnollet, Georges de Bernemicourt, escuyer et
» Prevost de la ville, Philippe le Carlier et Pierre Delecourt...
» suyvant quoy, *lesdicts Du Faignollet et de Bernemicourt comme*
» *ayant estés les premiers députez* (*car ils furent députez à deux*
» *fois*) *pour sortir de la ville*, *savallèrent* (*descendirent*) *avec une*
» *corde jus du rampart par la Tour du Caudron*, car la porte de
» Cantimpré nestoit encore ouverte (f° 43) », et se rendirent
auprès du comte de Fuentès, qui sans exiger des otages envoya
immédiatement des députés dans Cambrai pour traiter de la
capitulation de la place avec les notabilités de la ville, tout cela
se passa aux acclamations, « allégresse et joye d'aucuns des bons
» bourgeois et gens de biens de la ville de se voire mis hors du joug
» dudict tyran... et mené à sy bonne fin et sans effusion de sang
» humain, ormis ung certain bourgeois nommé *Pauvre Teste* quy
» fut tués par les François, eux retirans dans la citadelle et le
» bon capitaine Cellerye (Quellerie) quy y perdy la vie du dernier
» coup de canon que ceux du camp tirèrent du costé de la Nœu-
» ville estant sur les ramparts près de la porte du Cantimpret,
» monstrant une euscharpe rouge à ceux de la Nœuville et faisans
» signe que nous tenions la partye du roi d'Espaigne. (f° 47). »
Les Français eurent aussi à déplorer la mort d'une personne qui
leur était chère, celle de Renée d'Amboise qui, ne pouvant sur-
vivre à l'affront que l'infortune infligeait à son orgueil, voulut
du moins mourir en princesse en se donnant la mort. L'on plaça
son corps sur un char funèbre, qui ne fut pas le moindre des
objets tristement curieux qui attirèrent les regards des Cambre-

siens lorsque les cent-vingt chariots de bagage que l'armée de
Balagny traînait à sa suite, sortirent avec lui de la citadelle de
Cambrai le lundi 10 octobre 1595.

IX.

L'ILE SAINT-GILLES EXTRA MUROS.

Depuis le moulin du Plat-Farnières jusqu'à l'endroit où l'Escautin, divisé en deux bras, entre en ville, *l'île Saint-Gilles* va toujours en s'élargissant. Ce n'est d'abord, après les dépendances du
moulin, qu'une véritable langue de terre longue, étroite, resserrée entre le grand Escaut et l'Escautin. C'était là l'une des
propriétés des religieux du Saint-Sépulcre. On y parvenait par
le terrain du grand étang, à l'aide d'un pont jeté sur la rivière.
Puis on rencontrait une pièce de terre appartenant aux chanoines
de Sainte-Croix. Elle longeait le *Chemin du Magistrat* d'un côté
et touchait de l'autre au *Beau-Lieu*, jardin de plaisance des
Dames de Sainte-Agnès, directrices de la touchante fondation faite à Cambrai par l'inépuisable charité de l'archevêque
François Van der Buch, en faveur des jeunes filles de bourgeois
peu aisés.

Le *Beau-Lieu*, connu de nos jours sous le nom de Jardin de
M. Feneuille, fut enlevé à la fondation Van der Burch en 1793.
Cette campagne est encore aujourd'hui ce qu'elle était alors; sa
porte d'entrée occupe la même place; elle ouvrait sur le *Chemin
du Magistrat*, dans la partie faisant retour vers la porte de Cantimpré, et dont l'aspect fut changé depuis par suite du tracé du
canal de Saint-Quentin.

L'Escaut principal traverse le Beau-Lieu et la propriété de
l'ancienne collégiale de Sainte-Croix, avant de franchir les fortifications, à travers lesquelles il entre à Cambrai par la *Tour des*

4

Arquets « dont la ventellerie forte et puissante soutenoit les
» eauwes de la rivière pour les faire enfeler jusques au dit Plat
» (Farnières) et répandre au maret et es fossés dehors la ville »
en temps de guerre.

On remarque sur notre plan, qu'avant l'établissement du canal
de Saint-Quentin, un cours d'eau se dirigeait vers le *Beau-Lieu*
qu'il arrosait. Cette fontaine prend sa source dans la *maison de
le Galle* ou de *la Walle*, autre propriété des chanoines de Sainte-
Croix, et va maintenant se perdre dans le *canal de Saint-Quentin*.

Des ponts volants, jetés sur les deux bras de l'Escaut dans les
fortifications, permettent d'entrer et de sortir de *l'île Saint-Gilles*,
soit du côté de la porte Cantimpré, soit du côté de la porte du
Saint-Sépulcre.

Avant que nos fortifications eussent pris le développement
qu'elles ont actuellement, et surtout avant le canal de Saint-
Quentin, il y avait auprès de la *Tour des Arquets* plusieurs autres
ponts sur les différents cours d'eau dont nous venons de parler.

Le lit principal de l'Escaut coulant à gauche du *moulin du
Plat-Farnières*, prend le nom de *Grand-Escaut*; le petit bras de
droite reçoit à sa naissance les eaux de la grande décharge du
moulin, après quoi on le nomme *Escautin* ou *Escaudiaux*, quand
il sera lui-même subdivisé.

De vieux titres font mention *de la rivière et du pont du Glay*
ou *du Gay*. On nous permettra de revenir sur ce nom.

Les anciennes dénominations de lieux qui n'ont plus de nos
jours aucune raison d'être, feraient faire fausse route si l'on ne
découvrait les causes qui leur ont fait donner ces noms; c'est ce
qui arrive pour *la rivière du Glay* ou *du Gay* et le pont du même
nom. Ne se demande-t-on pas, de prime abord, si cette rivière
n'est pas quelque source, ou cours d'eau, absorbé par l'organisation de l'Escaut au XVIe siècle? Nous en étions là de nos suppo-
sitions, lorsqu'un de nos manuscrits (1) nous fit connaître un

(1) Extrait de chirographe mis au ferme de le Cambe, etc.; farde des rues de
Cambrai, — pièces générales.

établissement qui donna passagèrement son nom à l'un des Escau-
tins : « le vingt-septième jour d'apvril an nonante cincq (1495)
» fu mis au dit ferme ung chirographe contenant le vendaige fait
» par Philippe de Hertaing, escuyer seigneur de Montrécourt, et
» demoiselle Yde de Baralles, au pourfit de Jennon Pollerc,
» d'une maison et héritage nommé les *Estuves aux Glay*, tenant
» d'une part à l'héritage Jehan Lefebvre, et par derrière à l'Es-
» caudin, etc. »

Voici maintenant un nom de famille qui vient, lui aussi, bap-
tiser notre rivière du nom de LE GAY : « Le dixième de novembre,
» l'an soixante-neuf (1469), fu mis au dit ferme un chirographe
» contenant le rapport fait par Gilles Clavet et *Agnès* LE GAY,
» sa femme, de une maison et héritage où ils demouroient à ce
» jour, nommé les *Estuves de la Margherie*, séant au devant et
» à l'endroit des *estuves aux cappelles*. »

On sait, du reste, que les noms de famille de *Le Glay*, *Le Gay* furent, naguère encore, très-honorablement portés à Cambrai.

Inutile d'insister sur les preuves abondantes et sur la raison d'être des noms donnés à ces lieux-dits.

Le *lieu dit Cosset* se trouvait en *l'île Saint-Gilles*. Une charte du Saint-Sépulcre en 1250, cite une pièce de terre située entre *Farnières et le lieu dit Cosset* le long du cours de l'Escaut : « mansum quendam situm inter *Farnières* et locum qui dicitur *Cosset* infra cursum aque de Scaldis (1). »

Nous avons dit ailleurs que le *pré Cosset* s'étendait de la *tour des Arquets* à la *tour de M. d'Abancourt*, et que celle-ci avait été construite à « *l'endroit du brise-tout sur le pré Cosset*. » On vendit dans les environs, du bois provenant de la démolition de la *tour des Arquets vers Cosset* (2) (compte de la ville de Cambrai de 1458 à 1459).

« Le petit Escaudet, envers Coset, doibt avoir dix pieds jusques

(1) Le Glay. — *Glossaire*.
(2) Durieux. — *L'Escaut et ses Moulins*.

» as Arques de le ville et **1111** pieds de voyerie sur tous sens,
» tant qu'est as Escaudiaux ung lez et à l'autre (sur un côté et
» sur l'autre) (**1**). »

Le manuscrit d'un moine du Saint-Sépulcre, dont nous avons
donné des extraits au chapitre précédent, contient encore des
détails intéressants sur les lieux qui nous occupent et nous force
d'y revenir. Si nous les donnons ici, c'est afin de ne pas nous
éloigner trop des premières citations.

« Le 12 août 1595, le comte de Fuentès envoya cinq ou six cents
chevaux (cavaliers) de plusieurs nations ès villages de Marquoin,
Cantains, Noyelle et autres lieux aux environs... et vindrent assez
près des faubourgs de la porte de Sainct-Sépulcre, mais ne sceu-
rent faire grand butin à cause de la diligence que firent les pauvres gens à eulx sauvers (f° I)....»

« Le lendemain dimanche, S. Exc. le comte de Fuentès
» avecq l'armez, se vint camper autour d'une maison de plai-
» sance nommée *le Folye*, située entre Prémis, Cautain et Fon-
» taine-Notre-Dame, l'occasion pourquoi le seigneur de Balagny,
» usurpateur de Cambray et citadelle, faisoit sur le dict mot Folye
» plusieurs allusions (f° 2)....

» Ceux (du camp) qui estoient près de la Folys batissoient ung
» fort assez près de l'abbaye de Prémy en un plain maret.

» Le vingtiesme d'août... au soir fut boutez le feu par aucuns
» soldats qui estoient au ravelin de Sainct-Sépulcre, en plusieurs
» maisons estant demourez entiers tant du costez du *Plat de
» Farnières*, que du mesme faubourg et en furent brulcz jusque au
» nombre de vingt ou vingt-et-une, et faisait-on courir le bruict
» sur les remparts que ce faisoient ceulx du camp (tandis que
» c'étaient les soldats de Balagny qui causaient ces désastres
» pour dégager les abords de la place) et le lendemain furent
» deffaites et ruynez toutes les aultres maisons des autres fau-
» bourgs qu'y estoient restées des premières ruines et couppez
» tous les arbres fruictiers et autres quy furent employés à faire
» fassines pour la fortification de la dite place (f° 3)....

(1) Durieux. — *L'Escaut et ses Moulins.*

» Le jour de Notre-Dame de setembre (8 septembre) au soir,
» vint ung cavailler du cotté de Proville, jusque assez près de la
» porte Saint-Sépulcre et criait: vive le prince de Chimay! et
» prendant son chemin vers le chemin de Marcoing, il fut tué
» *aux cavains* (1) par aucuns soldats, et son cheval amenés en la
» ville (fᵒ 14). »

X.

LA FAMILLE LE PLAT.

Si l'on en croit Jean le Carpentier, il existait très-anciennement
*une famille de Le Plat qui prit son nom de la seigneurie du Plat-
Farnières où elle était établie*, mais les erreurs généalogiques
commises par cet historien infidèle, sont si nombreuses qu'on ne
peut sérieusement plus s'y arrêter. Il est surtout certaines familles
qui ont eu le privilége de s'attirer les adulations mensongères de
sa plume vénale, et la famille *Le Plat* serait de ce nombre, si
l'on en croit Foppens, le père Le Long, l'abbé Mutte, etc., qui
s'accordent tous sur ce point.

Les renseignements que l'histoire de *Cambrai* et du *Cambresis*
contient sur cette famille ne manquent ni d'intérêt, ni d'originalité et s'encadrent d'ailleurs si bien dans notre sujet, que mal-

(1) L'ouvrage de Mᵐᵉ Clément Hemery dit qu'il fut tué par un des soldats du
Ravelin ; c'est une erreur, c'est bien le mot *Cavains* qu'on a voulu écrire. —
Les Cavains étaient un lieu où les Compagnies bourgeoises tiraient quelquefois
le geai et dont nous ignorions l'emplacement. On ne saurait trop engager ceux
qui publient d'anciens manuscrits, à copier exactement les mots tels qu'ils sont
écrits et ne pas mettre à la place des mots de fantaisie , parce qu'on n'aurait pas
pu les lire. En agissant de la sorte on s'expose à faire perdre pour l'histoire des
choses qu'il est cependant très-intéressant de connaître.

gré notre répugnance nous n'hésitons pas à demander la permission d'y puiser la citation suivante :

« Je trouve, dit Le Carpentier (1), un Jean le Plat, qualifié chevalier, qui releva l'an 1190, de Bauduin, abbé de Saint-Sépulchre de Cambray, la seigneurie de Le Plat, en présence de Robert, prieur du dit lieu ; de Siger, bailly, de Simon, Josse, Hugues et Raoul, ministres ou officiers de la dite abbaye. De ce Jean vint Jean III qui releva son dit fief avec sa femme Lutgarde de Béthencourt, sœur de Watier, des mains de l'abbé Hugues, l'an 1215. Jean Le Plat, IVe du nom, releva le même fief de l'abbé Jean l'an 1245 avec Ermengarde de Saint-Hilaire fille de Gerbert, chevalier, bienfaiteur de la même abbaye. Ce Jean, chevalier suivant une charte des archives de Saint-Aubert marquée l'an 1251, fut gouverneur de Crèvecœur, et suivant l'inclination de ses ancêtres, *choisit sa sépulture en la chapelle du Plat, qu'on nomme à présent de Saint-Gilles, du patronnage de Saint-Sépulcre.* Je crois que c'est ce Jean qui donna à l'abbaye de Saint-Prémy cinq mencaudées de terre situées au village de Marcoing. Quoi qu'il en soit, Gélic lui donne deux fils, savoir Jean et Guillaume ; celui-cy fut conjoint avec Dode Creton, fille de Jean, dit Creton de Bouchain, chevalier, et d'Erembergue, son épouse. Celui-là, que nous nommerons Jean V, vendit l'an 1298 son fief de Le Plat, avec quelques prairies (situées) à Brunteau (2), appartenant à l'abbaye de Saint-Sépulcre, à Watier de Roisin, du consentement de sa femme Ivette de Bermeraing, fille de Robert, grand bailly du Cambraisis et de ses enfants Jean, Gérard, Adam, Guillaume et Simon Le Plat, etc.... »

(1) IIIe partie, page 888.

(2) Brunteau, Bruntiaux, Brunetel, est un hameau près de Cambrai, entre les villages d'Escaudœuvres et de Thun-St Martin, plus connu sous le nom de *Fonds de Bruntiaux*, de légendaire mémoire ; et de tout temps redouté des voyageurs attardés, à cause des crimes qu'on y commettait et qui naguère encore épouvantaient la contrée.

Le Carpentier dit avoir vu un scel de cette maison représentant un lion à un canton chargé d'un sautoir (1).

La famille Le Plat quitta le pays pour se réfugier en Belgique. Rohrbacker (2) nous apprend qu'elle était encore représentée en 1786 par un docteur de ce nom, qui prêta son concours aux innovations anti-religieuses de Joseph II, lorsque cet empereur conçut l'idée fatale de bouleverser les Pays-Bas par un schisme aussi ridicule qu'odieux, auquel, on le sait, l'on donna le nom de *Joséphisme*. Par un décret du 16 octobre 1786, l'empereur supprima tous les séminaires diocésains et les remplaça par deux séminaires généraux, l'un à Louvain, l'autre à Luxembourg. On fourra dans ces établissements officiels, mais impopulaires, des créatures à la dévotion du souverain. Le docteur Le Plat, principal instrument du séminaire de Louvain, installa les nouveaux professeurs, mais à peine ses cours furent-ils ouverts qu'il dut les fermer devant l'émeute formidable et menaçante des étudiants catholiques et se sauver à Bruxelles. Les autres professeurs se cachèrent et n'osèrent reparaître en public, que lorsque Joseph II eut envoyé des troupes. « Cependant le séminaire général s'ouvre de nouveau, le docteur Le Plat, chef des théologiens courtisans, recommence ses

(1) Notre historien rapporte, d'après Rosel, la singulière épitaphe suivante d'un sieur de Le Plat, bailli de Flines, inhumé à Orchies avec ses deux femmes :

Chy couck tout plat,
Jehennet Le Plat,
Bailliou de Fline,
Fot en sen vine :
Chil devia,
Boen, prous, héla!
L'an mil troes chens et katre douzine.
Si premiers feme,
Fut li boene Emme
Kon apieloit li boene Bourghiel.
Et si dieuxième fot ode.Rosiel ;
Trayez les tots diex en vo chiel.

(2) *Histoire universelle de l'église catholique*, 4ᵉ édition, t. XIV, p. 164.

leçons et ne recueille que des huées. Les autres professeurs José-phistes se présentèrent pour ouvrir leurs cours, personne ne s'y montre, le gouvernement s'irrite.... » On connaît le reste, qui n'est pas à la gloire de l'empereur, car son entêtement à vouloir briser du même coup, et les libertés communales des provinces Belgique et les libertés du culte catholique, lui fit perdre pour toujours le riche et beau royaume des Pays-Bas.

A l'époque néfaste de 1793 nous trouvons un sieur Le Plat rem-plissant les tristes fonctions de procureur de la commune de Lambersart, district de Lille. Voici l'extrait d'un document que nous avons retrouvé (1). « Laissez passer la citoyenne Hernestine Trachez, française domiciliée en cette municipalité, rentierre, dis-trict de Lille, département du Nord, âgée de dix-huit ans..., et prêtez luy aide et assistance en cas de besoing pour voyager en France. Délivrée à la maison commune de Lambersart le six d'avril 1793, II° de la République française, laquelle a signé :

H. TRACHEZ.   L. J. LE PLAT,

Procureur de la Commune, par ordonnance.

XI.

LA CHAPELLE DE SAINT-GILLES.

Nous avons dit qu'au milieu du *faubourg Saint-Gilles*, s'élevait une chapelle sous le vocable de ce Saint. Quel en fut le fondateur? Nos chroniqueurs n'en disent rien.

Nous avons vu que Jean Le Carpentier, en faisait une sorte de chapelle sépulcrale au service de la famille Le Plat, dont il fait remonter la généalogie au-delà du XIII° siècle. Il est assez étonnant que notre historien, si prolixe à propos de choses futiles ou insi-

---

(1) Cabinet de l'auteur.

gnifiantes, n'ait pas songé à consacrer un article spécial à ce petit monument, et qu'on soit obligé pour en trouver quelques détails, d'aller fouiller dans le dédale fastidieux et souvent chimérique de la nomenclature des familles, au profit desquelles il a écrit de si longues pages, avec un soin si minutieux, et parfois si loin de la vérité. Mais il faut bien reconnaître que si Le Carpentier a fait mention de la *chapelle Saint-Gilles* à l'article de la famille *Le Piat*, c'est qu'il en avait besoin pour le service de sa cause, et non pour le bon plaisir d'en parler. Quoique tout ce qui est sorti de la plume de cet historien, soit sujet à caution, et que l'homme sérieux qui le lit et désire connaître la vérité, se trouve toujours en présence d'un doute, nous ferons cependant remarquer ici, qu'à l'époque du tournoi donné hors des murs de Cambrai en 1190, le chroniqueur Adam Gélicq, que nous avons déjà cité, dit qu'il eut lieu vers *Saint-Gilles-en-Wédrerès*. Ne pourrait-on pas en conclure que le nom du Saint, dut, dès le principe, être donné à quelque sanctuaire élevé vers l'endroit indiqué? Il est bien regrettable qu'on ne puisse en retrouver l'origine.

Ce qui paraît certain, c'est que le culte de Saint-Gilles à Cambrai y est aussi ancien que l'abbaye du Saint-Sépulcre, et qu'il y aura été apporté par les religieux bénédictins, appelés par saint Liébert.

Athénien de naissance, et d'une extration royale, saint Gilles vit le jour vers le milieu du VIIe siècle. Sa science et sa piété lui attirèrent bientôt l'admiration universelle, mais sa modeste simplicité s'en émut, et désireux de mener une vie obscure et cachée, et fuyant les propos des flatteurs, il s'expatria, vint en France, et se fixa d'abord dans un lieu désert à l'embouchure du Rhône, puis sur les rives du Gardon et s'établit enfin dans une forêt non loin de Nimes. « Il y resta plusieurs années, disent les » biographes, entièrement occupé de la prière et de la méditation, » et *n'ayant pour nourriture que de l'eau et des herbes*. » Cependant le lait d'une biche lui servit d'aliment pendant quelque temps.

Un jour que Flavius Wamba, roi des Visigoths, se livrait dans la forêt au plaisir de la chasse, il blessa la biche qui alla se réfugier auprès de saint Gilles, dont l'humble retraite fut ainsi découverte.

Les miracles opérés par le Saint le firent bientôt connaître. Vivement sollicité par le roi des France de quitter son hermitage, il ne put s'y résoudre, mais il reçut des disciples et *fonda un monastère auquel il donna la règle de saint Benoît* (1).

Cette particularité nous confirme dans notre opinion, que *les religieux du Saint-Sépulcre, de l'ordre de saint Benoît* ont fort bien pu introduire à Cambrai le culte de saint Gilles et ériger un sanctuaire au *milieu de prairies arrosées de fontaines*, au saint ermite qui, renonçant au luxe effréné des grandes villes et au langage des courtisans, consentit à se faire plus pauvre que les pauvres, et à ne prendre pour nourriture que des *herbes et de l'eau*.

En dehors de la mention de Jean Le Carpentier, on assure que la *chapelle Saint-Gilles* est citée en ces termes dans le Manuel du Prêtre et du Religieux imprimé à Douai : « *Saint Gilles fut le » patron d'une ancienne campagnie d'archers à Cambrai;* il avait » une chapelle dans un faubourg de cette ville en 1448. » Il ne nous a pas été possible de nous procurer ce volume.

Un manuscrit de la bibliothéque de Cambrai (2) dit que cette chapelle fut dédiée en 1488 par le pape Alexandre VI, qui y attacha des indulgences, mais on ne dit pas quel en fut le fondateur.

Le terrain sur lequel s'élevait le petit monument, appartenait à l'abbaye du Saint-Sépulcre

Complétement détruite en 1580, par le trop fameux baron d'Inchy, la chapelle Saint-Gilles fut réédifiée plus tard par nos religieux de Saint-Benoît.

Nous possédons un plan manuscrit du siége de Cambrai par Louis XIV, sur lequel figure la chapelle Saint-Gilles.

(1) L'abbé Godescard — *Vies des Pères, des Martyrs*, etc. Lyon 1818, t. 8, page 209.

(2) N° 658, art 49, et Bouly, *Dictionnaire de l'histoire de Cambrai.*

Le chronographe suivant, qu'on lisait au-dessus de la porte d'entrée, indique une restauration faite en 1731, par Dom Placide Pouillaude, abbé, de 1722 à 1745 :

DIVIs égIDIo, antonIo
atqVe roCho restaVrabat poVLLIaVDe. (1)

Une vue de la chapelle Saint-Gilles, peinte sur toile par Antoine Saint-Aubert Ier, artiste cambrésien, existe dans le grand vestibule de la maison de M. Marc Douay, propriétaire, rue des Chanoines. Ainsi que les autres chapelles des faubourgs de Cambrai, celle de *Saint-Gilles* servait parfois à recevoir sur ses murs extérieurs les affiches émanant des divers officiers publics, instrumentant dans le ressort de la province du Cambrésis. On ne lira peut-être pas sans intérêt l'une de ces petites affiches imprimées, annonçant la publication des cartulaires des terrages, grosses et menues dîmes, appartenant à quelques chapitres et maisons religieuses de la contrée :

« On fait savoir que Lundi treize du mois de juin et jours
» suivants l'on publiera, en la manière accoutumée, au *faubourg*
» *Saint-Gilles*, sur la *place du Moulin du Plat*, dit *Pharnières*,
» les cartulaires des terrages grosses et menues dîmes appartenant
» à Messieurs les Prévôt, Doyen et Chanoines de l'église métro-
» politaine, et de Saint-Géry, première collégiale de Cambray;
» aux abbés et religieux de Saint-Sépulcre, et aux dames de
» Saint-Julien de la même ville. On commencera la lecture des
» dits cartulaires sur les sept heures du matin jusqu'à midi, et
» l'après dîné, sur les trois heures jusques à sept. Les intéressés
» pourront se rendre sur les lieux aux heures indiquées pour
» acquiescer aux charges énoncées aux articles qui pourraient les

(1) Bruyelle. — *Les monuments religieux de Cambrai avant et depuis* 1789, page 241.

» regarder, ou y former opposition, en cas qu'ils s'y croient
» fondés. »

« Affiché le 29 du mois de may, mil sept cent soixante huit. »

(Signé) SANSE (1).

XII.

TRÉSOR ET MOBILIER DE LA CHAPELLE SAINT-GILLES.

Le culte de nos ayeux pour la mémoire des saints était si géné-
ralement répandu, qu'il n'est pas de si petit sanctuaire qui n'ait
été enrichi de dons précieux, soit en *ex-voto*, ou simplement par
pure dévotion. Le goût des arts entrait alors dans la composition
de toute chose, et il était de mode de tenir à honneur d'exécuter,
de posséder, ou d'admirer de belles curiosités. Il s'en suit que le
mobilier avait jadis un cachet artistique qu'on chercherait en
vain dans la plupart des objets fabriqués de nos jours. Nous ne
parlons pas des objets somptuaires qui ont repris leur empire dans
le monde, mais de ceux qui servaient à la décoration de la de-
meure du plus humble artisan. C'est que, malgré la simplicité de
la vie et des mœurs, le peuple, au moyen-âge et à la renaissance,
possédait à un très-haut degré le sentiment du beau. Grâce aux
maîtrises des arts et métiers, l'ouvrier avant d'être pris au sérieux,
devait produire son *chef-d'œuvre*. De là, ce concours de tous les
instants, qui manque à notre époque, malgré les sommes consi-
dérables qui se dépensent tous les ans, dans nos villes importantes, au budget des Beaux-Arts. De là aussi, ces innombrables
objets anciens qu'on rencontrait partout, pour lesquels maintc-
nant encore on se passionne avec tant de raison, et qui ne for-
maient, après tout, que le mobilier ordinaire de cette époque.

Le sanctuaire du faubourg Saint-Gilles avait eu sa part dans les
pieuses largesses de nos devanciers, et son trésor ne comptait pas
moins de trois reliquaires, des vases sacrés, en métaux précieux,
et autres pièces d'orfévrerie, sur le nombre et la valeur desquels

---

(1) Farde aux rues de Cambrai, Faubourg Saint-Gilles.

nous manquons de détails, ces derniers ayant été envoyés à l'hôtel des monnaies de Lille, lors de la révolution stupide et impie du XVIIIe siècle. Par contre, l'inventaire officiel que nous publions, donnera une idée de ce qu'il restait du mobilier, proprement dit, lorsque la petite chapelle fut confisquée *révolutionnairement*, suivant l'expression de l'époque, au profit de la nation :

« L'an mil sept cent quatre-vingt-douze, le vingt-quatre août, » deux heures et demie de relevée.

» Nous, Pierre-François-Joseph Volckerich, homme de loi, » commissaire du département du Nord, pour les appositions de » scellés sur les objets mobiliers des chapitres et maisons reli- » gieuses du district de Cambrai, à la requête des administra- » teurs du directoire dudit district, nous sommes transporté, » accompagné de Pierre-Célestin Tellier, écrivain au secré- » tariat dudit district, dans la *chapelle dite de Saint-Gilles*, « au faubourg de la porte de Saint-Sépulcre de ladite ville, » à l'effet d'y répertorier les meubles et effets y existants; » où étant, avons trouvé en ladite chapelle, l'autel en boiseries, » sain et entier, trois statues de bois blanchies, six cadres, deux » petits tableaux, trois reliquaires, quatre chandeliers de cuivre, » six pots à fleurs en fayence, trois branches de bois doré, trois » bancs en forme de coffre, deux prie-Dieu en forme de pupitre, » une mauvaise chaise de cuir, un grand candelabre de fer et » deux troncs de fer. Dans la sacristie, un grand coffre dans » lequel s'est trouvé un *missel*, un coussin et un portefeuille à » prière et trois cadres aux évangiles et un porte-manteau.

» Dans le haut, deux grands bancs en forme de coffre, un petit » banc et une escabelle et une cloche.

» Ainsi fait et répertorié les jours, mois et an que dessus, et » avons signé :

CELLIER.   VOLCKERICH (1).

(1) Archives municipales de Cambrai — Communication de M. Durieux, archiviste.

Un inventaire détaillé nous eût initié d'une manière satisfaisante et complète à la valeur artistique du mobilier qu'on allait disperser et livrer sans doute aux auto-da-fé de la place d'armes; mais le document qu'on vient de lire, quelque sommaire qu'il soit, suffit déjà, par la simple énumération des objets, pour faire deviner la perte que les arts ont faite le 24 août 1792.

Mais le jour de l'exécution ne se fait pas attendre ; le lendemain l'homme de loi revient, l'inventaire en main; fait charger sur une charrette le mobilier de la chapelle Saint-Gilles, et en rédige e procès-verbal suivant :

« Le vingt-cinq août 1792, quatre heures de relevée, le sous-
» signé s'est transporté par ordre du directoire accompagné de
» Geiter, l'homme de service de ce district, *en la chapelle Saint-*
» *Gilles* où étant, le sieur Danquigni a chargé sur la voiture, en
» présence dudit soussigné, tous les effets contenus en ladite cha-
» pelle, lesquels effets ont été déposés dans la cour de l'hôtel
» commun de cette ville »

« Fait les jours, mois et an que susdits. »

Signé . GEITER.   Signé : CELLIER, (1)
Écrivain du Secrétariat.

XIII.

UN VITRAIL PEINT ET UN DIPTYQUE.

Le petit monument ne survécut pas longtemps à la spoliation du mobilier. Vendu révolutionnairement, il tomba bientôt sous la pioche des Vandales de 1793, ne nous laissant pour tout souvenir qu'un joli vitrail peint, style renaissance, que nous conservons dans notre collection cambrésienne (voir planche 2, fig. 1).

(1) Archives municipales de Cambrai. — Communication de M. Durieux.

fig. 2

fig. 1

fig. 3

Le vitrail représente saint Gilles, abbé, tenant de la main droite la crosse abbatiale. La main gauche est percée d'une flèche; une biche étanche le sang qui coule de la plaie, et rappelle celle de la forêt des environs de Nîmes, qui le nourrit de son lait pendant un certain temps. Ou lit dans le haut du vitrail la date de 1518. Cette date doit rappeler quelque fait historique qui nous échappe, et sur lequel nous appelons l'attention de nos chroniqueurs.

A-t-on sauvé ce précieux spécimen de l'art du verrier au XVIᵉ siècle, au moment où en 1580 on allait abattre une première fois la chapelle, pour dégager les abords de la place, dans la crainte d'un siège? A-t-il été replacé dans la chapelle qui lui succéda pour disparaître de nouveau sous le régime de la terreur? S'il en était ainsi, il faudrait avouer que ce frêle objet d'art eut une meilleure fortune que le pieux monument, pour lequel il fut fait, où il fut admiré, et auquel il a survécu.

A l'époque de notre vitrail vivait à Cambrai plusieurs peintres vérriers, aux noms et aux travaux desquels nous initie l'intéressante notice de M. A. Durieux sur « *les artistes cambrésiens et l'école de dessin de Cambrai* (1). »

C'est Howil Carle, qui reçoit en 1501-1502, 41 sous 11 deniers « pour avoir restoupé (raccommodé) une pièce de verrière paint » et le recuit au porge par où *Messieurs* (le corps échevinal) entre » en le cambre (page 50) »

Balthazar Foulon, à qui l'on paie en 1517-1518, c'est-à-dire, en l'année même de notre vitrail (1518) le prix d'une œuvre d'art par lui exécutée pour « la chambre et prétoire de *Messieurs* (page 56). »

Jean de Vaux qui exécuta des travaux beaucoup plus importants; il fournit en 1527 onze verrières avec armoiries « pour la chambre des *repas* de Messieurs; » refait plus tard « la lanterne devant l'image de Notre-Dame, sous l'horloge, etc.

(1) Mémoire de la société d'Émulation, t. XXXII, 2ᵉ partie.

L'un de nos manuscrits que nous trouvons parmi les archives du château de Crévecœur (1) nous fournit le nom d'un autre peintre-verrier de Cambrai : payé « à Zacharie Brusnel, verrier, demeurant « en Cambray pour par luy avoir rappoinctie, restraint et » mis nouveaux *voires* en la verrière donnée par Léonard Gélicq, » et oussy pour avoir deffes, rassis et remis appoint celle que » Fourssy a donné qui avoient estées rompues et cassées par les » ventz. Pour toutes refections par luy faites et pouveoir ailleurs » où besoing estoit. Ensembles pour LXV sous IIII deniers. »

Cette grande verrière donnée par Foursy de Haussy, représentait saint Jacques.

Zacharie Brusnel, dont nous avons retrouvé un bel autographe(2), fut encore employé à remettre *jus ei rassir* toutes les autres verrières de l'église de Crévecœur, endommagées par la tempête qui sévit « environ les Roys l'an chinquante et ung. »

Une image en relief de saint Gilles se voyait sur une épitaphe de la chapelle Saint-Jean, dans l'ancienne église métropolitaine de Cambrai (3).

Pour compléter nos renseignements sur les objets artistiques concernant le *culte de saint Gilles* à Cambrai, nous ferons la description d'un diptyque, peinture sur bois, dont nous devons la possession à la vieille amitié de M. Manniez, économe des hospices et du bureau de bienfaisance de cette ville.

Ce tableau, formé de deux volets, avec charnières, remonte au XVᵉ siècle. Il représente deux personnages ; un prêtre revêtu du surplis, et une femme d'un certain âge paraissant être sa mère. Ils ont les mains jointes et sont agenouillés devant un prie-Dieu, sur lequel un livre est ouvert. Le prêtre porte une croix rouge entre les doigts ; derrière lui apparaît *saint Gilles, abbé*, qu'on reconnait à ses attributs. Derrière la femme se trouve la Sainte-

(1) Farde des SEIGNEURIES DU CAMBRÉSIS — *Terre et seigneurie de Crèvecœur*, comptes de l'église, année 1551.

(2) Farde des AUTOGRAPHES ET DOCUMENTS BIOGRAPHIQUES CAMBRÉSIENS. — *Artistes verriers*.

(3) Le Glay. — *Recherches sur l'église métropolitaine de Cambrai*, p. 99.

Vierge, en riche costume du XVe siècle, et tenant l'Enfant divin dans ses bras (planche 11 fig. 3).

S'il est permis de penser que les personnages occupant le second plan du tableau, sont les patrons de ceux que l'on voit dans l'attitude de la prière, serait-il téméraire de supposer que cette peinture n'est autre chose que le souvenir de la fondation pieuse de l'*office de saint Gilles*, faite dans l'église Notre-Dame, par le savant doyen, Gilles Carlier?

Quelle que soit leur extraction, les hommes supérieurs sont, à toutes les époques, parvenus à occuper le rang distingué que leurs vertus ou leurs talents leur assignaient, et le moyen-âge envers lequel on s'est montré tant et si aveuglement injuste, en fournit une preuve de plus dans la personne de Gilles Carlier, qui, fils de simple forgeron, devint un des plus hauts dignitaires de l'église de Cambrai (1).

Gilles Carlier se fit connaître à Paris, par ses brillantes études au collège de Navarre ; elles lui valurent le bonnet de docteur, et une chaire de théologie à la faculté. Les sermons qu'il prêcha dans la capitale eurent beaucoup de succès. Chanoine de Cambrai, dès l'an 1411, il fut nommé doyen de ce chapitre en 1431, et prêta serment le 4 mai 1436. Il assista au concile de Bâle, et travailla avec ardeur à ramener à l'Église la secte perverse des Hussites qui ne tendait à rien moins qu'à révolutionner le monde. Député du concile auprès des Bohémiens, Gilles-Carlier remplit ses fonctions de légat avec distinction. Il se fit encore remarquer dans la longue discussion qu'il soutint pendant quatre jours contre Galérius Thaboriste.

Dans l'*appointement de Philippe le Bon*, duc de Bourgogne de 1441, réglant provisoirement un différend qui s'était élevé à propos de la juridiction temporelle entre l'évêque Jean de Bourgogne, et les échevins de Cambrai d'une part et le Chapitre

---

(1) « Il était fils de Gilles Carlier, qui avait une forge entre les deux portes de Cantimpré, qu'il tenait en fief de l'abbaye de Saint-Aubert » — Dupont. — *Histoire de Cambrai*, IVe partie, p 92.

cathédral d'autre part. « *Maistre Gilles Carlier*, maistre en théo-
» logie, doyen du chapitre, et maistre Robert-Auclou, licencié
» en décret, escolastre et chanoine de la ditte église,» furent délé-
» gués en qualité de *gardiens héritables des églises de Cambrai*,
» par «les dits de chapitre, eux doulans et complaignans ; d'aucuns
» explois comme fais ou préjudice de leurs priviléges, droits et
» franchises. »

Parmi les chartes précieuses provenant de la cathédrale de
Cambrai, que nous tenions de la générosité de feue Mme Lallier, de
vénérable mémoire, et que nous avons données, à titre *gracieux*,
aux archives départementales du Nord, se trouvait un parchemin
qui a acquis une certaine renommée, grâce à notre excellent ami
M. L. Dancoisne, notaire honoraire à Hénin-Liétard, qui le
fit connaître dans une brochure pleine d'érudition, publiée
malheureusement à un si petit nombre d'exemplaires qu'elle est
déjà introuvable aujourd'hui, ce qui est une perte véritable pour
le monde des bibliophiles. Ce titre est une copie du concordat de
paix de l'évêque Jean de Bourgogne, datée de 1446, avec initiales
illustrées, mais d'une facture si artistique et si charmante, que
M. Dancoisne en a été séduit au point de les publier dans sa
monographie (1). Eh bien ! parmi les témoins qui assistèrent à ce
concordat, nous avons eu la satisfaction de reconnaître le nom du
grand doyen de l'église de Cambrai, *Gilles Carlier*, en compagnie du célèbre chroniqueur Enguerrand de Monstrelet, et du
compositeur de musique en renom, maître Guillaume Dufay,
chanoine et directeur de la maîtrise cathédrale de Cambrai (2).

Nous avons retrouvé, il y a quelques années, chez un marchand
de chiffons de cette ville, la charte originale du titre en question.
Elle est en parchemin, avec ses trois sceaux pendants à des lacs
de soie, et parfaitement intacts. Il est de ces choses qu'on ne

(1) L. Dancoisne. — *Concordat Cambrésien de* 1446. — Lille, 1869, tiré à
quinze exemplaires seulement.

(2) Voir tome IX du Bulletin de la Commission historique du Nord, pag. 349
et 365.

pourra jamais expliquer. Comment se fait-il qu'un titre si précieux soit venu, après tant de siècles, échouer si misérablement?

Gilles Carlier mourut le 23 novembre 1472. Les discours qu'il prononça à Bâle furent conservés (1), ainsi qu'un autre ouvrage intitulé: *Sportule ou Corbeille de Fragments* (2).

La bibliothèque du collège de Navarre possédait, avant la révolution, beaucoup de manuscrits de cet homme remarquable. La bibliothèque de Cambrai conserve de lui un précieux incunable, in folio de 1475, figurant au catalogue de cet établissement, sous le numéro 5,963.

Nous avons retrouvé la mention d'une propriété de « maître Gilles-Carlier, prêtre-doyen et chanoine de Cambray » elle était située « *en la rue du Fecq en la banlieue de cette ville, hors la porte de Selles.* » (3)

XIV.

LES COMPAGNONS DU SERMENT DE SAINT-GILLES.

Il faudrait remonter bien haut dans l'histoire de Cambrai et de sa province pour y découvrir l'origine des compagnies qui s'y formèrent sous la dénomination de *Gildes de l'arc à main*. On sait par les comptes de la ville (4) que dès l'an 1378, cette cité possédait trois compagnies ou serments d'archers.

Nous ne pourrions dire quel nom portait primitivement le *serment des Archers de saint Gilles* ; ce que nous savons, c'est que ce nom changea plusieurs fois, et qu'au XVe siècle, par exemple, on

(1) Collection des Conciles, avec notes de Sévérin de la Bigne.

(2) Le Glay. — *Cameracum*, p. 98. — Ferry de Locres. *Catalogue des Écrivains d'Artois.*

(3) Farde des rues de Cambrai. — Pièces générales. — Manuscrit de 176 p., f° 50, v°.

(4) A. Durieux : *saint Druon.*

les appelait tantôt ; *les enfants confrères de saint Gilles*, ou bien *les Compagnons du Serment de saint Gilles*.

Au XVI° siècle on les désignait, ainsi que les autres compagnies d'archers, sous le nom de *Gildes de l'arc à la main* ; ils prirent plus tard le simple nom d'*Archers de saint Gilles*.

On lit au compte de la ville (1) du 6 février 1437 au 6 février 1438, après la mention ordinaire relative au vin accordé aux Serments, au dîner et au souper du premier mai. « Donné ce » dit jour *aux enfants confrères de saint Gilles au jeu de l'arc » à la main*, 6 sous 8 deniers » Au compte de 1458-59 (payé) « *aux enfants confrères de saint Gilles au jeu de l'arc à la main* , » en l'avancement de leur fête... 12 sous. » Cette mention se trouve renouvelée aux comptes de 1459-1460 et 1460-1461. Le compte de 1461-1462 contient une variante : « Donné pour le jour » de may aux *compagnons du sairement de saint Gilles* X st. »

Ils cessent d'être mentionnés au compte de 1462-1463, mais on les voit reparaître au commencement du XVI° siècle. « A cette » époque, dit M. Wilbert (2), et dès l'année 1529, on le voit » dans la solennelle entrée de l'évêque Robert de Croy, les » archers avaient six bannières différentes qui portaient le nom » de saint Sébastien, saint Jacques, saint Christophe, sainte » Ursule, *saint Gilles* et saint Amand. »

Les comptes de la ville nous signalent encore en 1550 les archers de *saint Gilles*, auprès de ceux de saint Sébastien, de *sainte Christine ou Chrétienne* (3), sans compter plusieurs autres serments qui n'ont eu qu'une existence momentanée, tels sont les archers de saint Anthoine, de sainte Ursule, du Coquelet,

_____

(1) Communication de M. A. Durieux.

(2) Du rôle du Tiers-État dans l'histoire de Cambrai. — Mémoire de la Société d'Émulation , t. XXXII°, 2° partie, p. 576. — Voir encore de M. Wilbert , son *Rapport sur l'histoire, l'état de conservation et le caractère des anciens monuments de l'arrondissement de Cambrai* , p. 52.

(3) Le jardin des Archers de Sainte-Christine était situé vers l'église St-Éloi. — Document du cabinet de l'auteur.

etc. (1), nous aurons l'occasion de revenir au chapitre suivant sur les différentes compagnies d'archers qui figurèrent tour à tour sur la scène cambrésienne.

Au XVIe siècle les *archers de saint Gilles* louaient un jardin *rue du Chaudron*. Ils le quittèrent en 1603, et comme cette propriété appartenait à la ville, les quatre hommes ou administrateurs de la cité le louèrent aux dames religieuses de Prémy. Le compte de la ville en 1654 en fait la mention suivante :

« Reçu des Dames de Prémy pour le jardin que souloient
» (avaient coutume) de tenir à louage les *Archers de saint Gilles*
» *rue du Chaudron*, à elles accordé en arrentement terminatif
» pour le terme de cinquante ans, moyennant dix livres tournois
» par chacun an, icy pour la XLIXe année escheue au jour de
» Saint-Jean-Baptiste mil six cent cinquante trois (2). »

Le bail terminé, nos édiles d'alors cédèrent définitivement le *jardin des archers de saint Gilles*, à l'abbaye de Prémy moyennant un arrentement perpétuel de dix florins par an. Ce jardin qui mesurait trois cent pieds de longueur sur sept pieds de largeur (3) fut dès lors incorporé dans les dépendances de l'abbaye.

Ce fut donc en 1603 que les *Archers de saint Gilles* quittèrent leur *jardin de la rue du Chaudron*, laquelle était située dans les environs de l'abbaye de Prémy, vers le rempart et faisait partie de l'*île Saint-Gilles*. Nous avons vu que le nom primitif de cette rue était la *rue des Prés* et qu'elle était parallèle à la *rue des Moulins* et à la *rue du Paon* qui en faisait suite.

La rue du Chaudron aura disparu sans doute lors de la réunion définitive de Cambrai à la France, à l'époque où Vauban fut chargé par Louis XIV du soin d'améliorer nos fortifications.

En 1708 nous retrouvons nos *Archers de Saint-Gilles* parés de

---

(1) A. Durieux. — *Saint-Druon*, Mémoires de la Société d'Émulation Cambrai, t. XXXI, 1re partie.

(2) Manuscrit de l'auteur.

(3)   Id.   id.

leurs brillants uniformes, ainsi que tous les serments de la ville
et formant avec eux un cortége d'honneur aux ducs de Bourgogne
et de Berry, lors du passage de ces princes à Cambrai.

On sait que les illustres voyageurs se rendant à l'armée de
Flandres, avec le prince de Galles, fils de Jacques II, roi d'Angleterre, obtinrent difficilement de Louis XIV la permission de visiter
à Cambrai leur ancien précepteur, l'immortel Fénelon, pour qui
ils avaient conservé une vive affection. Cette permission ne leur
fut accordée qu'à la condition, toutefois, que l'entrevue se ferait
par devant témoins et dans un autre endroit qu'au palais archiépiscopal, à cause de la disgrâce dont le prélat était frappé.
Fénelon, selon sa louable habitude, faisant encore en cette circons-
constance, acte de soumission, de respect et de sagesse, se rendit
lui-même au devant des princes qu'il rencontra à l'*Auberge de
Dunkerque* (1), où ils étaient descendus.

XV.

SERMENT DES ARCHERS DE SAINT-NICOLAS.

L'abbaye du Saint-Sépulcre était la bienfaitrice, on pourrait
presque dire la mère de la paroisse Saint-Nicolas.

« En reconnaissance du terrain que cède l'abbaye pour l'érec-
» tion de la nouvelle paroisse de Saint-Nicolas, le curé est tenu
» de fermer son église le jour de la dédicace de l'abbaye qui est
» le 28 octobre. Ce jour-là, le curé est tenu de venir célébrer
» dans l'église abbatiale les offices avec ses vicaires ; et il est d'un

(1) L'auberge de Dunkerque était située rue de l'Arbre-à-Poires, non loin de
la porte Notre-Dame, entre la rue des Carmes et la rue de la Prison, en face du
chevet de l'église Saint-Géry. La maison construite sur l'emplacement de cette
ancienne auberge porte aujourd'hui le Nº 22, l'ancienne église collégiale de
Saint-Géry, disparue à la révolution, a été remplacée par des maisons construites,
il y a quelques années, par M. Ch. Paris-Desenfants.

» usage ancien que l'abbaye fait inviter *honnêtement* le curé tant
» pour la célébration que pour le dîner.

» Le même jour les marguillers de la paroisse présentent à
» l'abbé, à l'issue de la messe paroissiale, un gâteau de six livres
» en reconnaissance de la permission qui leur fut accordée de
» bâtir, au profit de leur fabrique, un rang de petites maisons,
» le long de leur église, sur le terrain et juridiction de l'abbaye :
» c'est pourquoi elles sont numérotées sous un cartouche en vert
» couleur de la livrée de l abbaye (1). »

D'après ce qui précède on ne sera pas étonné de voir le serment des *archers de Saint-Nicolas* s'établir dans notre *faubourg
Saint-Gilles* sous le patronage de l'abbaye de Saint-Sépulcre.

Sur le bord du chemin opposé à la *chapelle Saint-Gilles* s'élèvent encore au-dessus de la crête, quelques habitations, jadis plus
nombreuses. Parmi elles étaient installés les *berceaux des archers
de Saint-Nicolas*. Cette compagnie bourgeoise, qui avait part aux
libéralités que Messieurs du Magistrat (c'est ainsi qu'on nommait
le corps échevinal) accordaient aux divers serments-de la ville,
pour les engager à assister aux cérémonies publiques, en grand
uniforme (2) ; cette compagnie, disons-nous, figura souvent aux
fêtes civiles ou religieuses de la cité.

Il est fait mention de son jardin dans le compte de la ville en
1654.

« Reçu des hoirs Philippe Sart pour l'arrentement accordé à
» feu son père d'une portion de wareschaix *prise au plat Farnières*
» joincte à une aultre, où estoit le *Jardin des Archers de Saint-
» Nicolas* avecq encor une aultre portion en forme d'erche (herse)
» vers Proville, tenant à la rivière de l'Escault et au wareschaix
» vers *le moulin du Plat* (3). »

(1) Manuscrit in-folio original, de la farde de l'abbaye du Saint-Sépulcre.
(2) Comptes de la ville.
(3) Manuscrit fol. 15, recto.

C'est dans cet ancien jardin qu'un ouvrier retrouva au printemps de 1869, un objet qui dut servir d'*affique* aux *Archers de Saint-Nicolas* ou d'*enseigne* de pèlerinage.

Ce petit monument en bronze, dont la planche II figure 2, reproduit fidèlement le dessin, et qu'on peut attribuer au XVIe siècle, affecte une forme assez bizarre : au centre d'un cercle à jour, se détachent les armes de Cambrai ; la double aigle aux ailes éployées. Sur les bords extérieurs du cercle se trouvent quatre objets, savoir : dans le haut, la statuette de Saint-Nicolas, puis à droite, à gauche et au-dessous, un écusson avec chacune des lettres N. I. C. L'ensemble forme ainsi, tout à la fois, dans une sorte de rébus, le nom du saint et celui de la ville ; celui-ci, représenté par une initiale et des armoiries ; celui-là, par la statuette et les trois premières lettres du nom de Nicolas. Il y a quelque chose, dans l'ensemble de la disposition du dessin de cet objet, qui rappelle beaucoup la forme des monnaies obsidionales de Cambrai, de 1581 et 1595 et auxquelles on se reporte involontairement (1).

La paroisse de Saint-Nicolas avait jadis fait frapper un petit plomb dont M. Robert fait la description dans sa numismatique de Cambrai, mais dont il n'a pas publié le dessin (2). Cette pièce représente d'un côté le saint en pied ; on lit sur le revers le mot : *Oambray*, écrit sur une seule ligne. Ce plomb serait-il un méreau paroissial du siècle dernier, ou bien continuerait-il la tradition d'un usage auquel a servi l'objet qui nous occupe ? ou bien encore devrait-on considérer celui-ci comme étant l'afficque ou décoration des archers de Saint-Nicolas, retrouvée dans le jardin même où ils se réunissaient pour se récréer ?

Sans se prononcer sur ce point, il semble qu'on peut faire remarquer cependant que les décorations des serments étaient ordinairement de métaux précieux, excepté celles des Sots-Souris, des Tout-Gai, des Fous qui étaient faites parfois de plomb,

(1) C.-F. Robert. — *Numismatique de Cambrai*, pl. XXXV et XL, pag. 227-248 et suivantes.

(2) P. 264, N° 20. — Nous possédons ce plomb.

comme cela s'est vu pour le Fou ou Valet de la Compagnie royale
de l'Arquebuse de Cambrai, dont l'affique représentait une grande
décoration dans le genre des croix de Notre-Dame de Liesse, et
sur laquelle on voyait deux arquebuses en sautoir, ayant la forme
de deux pipes à fumer.

Les véritables décorations, au contraire, étaient de métaux
précieux et quelquefois en étoffes brodées (1). On les nommait
afficques (affigere, attacher) ou enseignes, parce qu'on les portait
attachées aux habits ou suspendues au cou par des chaînes ou des
rubans. Ces noms se donnaient également aux grandes médailles
de pèlerinage :

> Pardonnez moy d'en parler sy m'applicque,
> Car à tels saincts j'ay pendu une *afficque* (2).

Nous avons vu, il y a une vingtaine d'années, entre les mains
d'un cabaretier du faubourg Saint-Druon, chez qui se réunissait
la compagnie d'archers, l'*affique*, décoration ou enseigne en vermeil ciselé, du Roi du serment des archers de Saint-Georges. On
nous permettra de profiter de l'occasion de faire ici la description
de ce bijou qui doit être aujourd'hui perdu pour toujours. Il
portait d'un côté, en plein milieu du champ, la date de 1510,
époque de l'érection de la ville en duché. La statuette équestre de
saint Georges, qu'on voyait au droit, se présentait de face. Le
cheval lancé au grand galop, avait les pieds de devant dans le
vide. Saint Georges, cuirassé, armé de pied en cape, ainsi que
les anciens chevaliers, levait le bras droit au-dessus de la tête et
dirigeait la pointe de sa lance vers le dragon ailé que vient de
terrasser son cheval. Le monstre aux formes terribles et gracieuses
tout à la fois, dressait sa tête large et écumante, et semblait fou-

---

(1) Note sur un drapeau et sur une décoration ayant appartenu à la Compagnie
des Archers de Saint-Sauveur, par M. A. Hattu. — Mémoire de la société d'É-
mulation.

(2) *Les Troubles de Cambray au XVIe siècle*. — Manuscrit de notre cabinet.

droyer du regard le noble personnage qui s'apprête à le frapper d'un coup vigoureux et sûr.

Nous supposons que cette belle décoration est un présent fait par le premier évêque-duc de Cambrai, aux archers de saint Georges, nous trouvons un bijou analogue que possédait le *noble et souverain jeu de l'arbalestre*. Il était également en vermeil, « *avecq la sainte vierge d'or au milieu et les armoiryes de l'Evesque de Croy* (1) » c'était la décoration du *Prévot*. Celle du *Roi* était de même métal *avecq trois oiseletz pendants*. »

Lorsque Maximilien de Berghes fit son entrée solennelle à Cambrai, le dimanche 22 octobre 1559, en qualité de successeur de Robert de Croy à l'évêché de cette ville, les *Archers de saint-Gilles*, ceux de *saint Nicolas* et de *saint Georges* faisaient partie des compagnies bourgeoises fortes de 2,700 *hommes* qui allèrent au-devant du prélat jusqu'à Escaudœuvres.

L'année suivante, le Pape Pie IV, confirma par une nouvelle bulle en date du 6 janvier 1560, le décret de son prédécesseur sur l'érection de nouvelles métropoles au rang desquelles se trouvait la ville de Cambrai (2). Ce fut sans doute, en mémoire de cet événement important que les *archers de Saint-Georges* reçurent l'affique de vermeil de 1560 que M. A. Durieux a publiée dans son travail sur saint Druon (3). En rapprochant cette date historique de celle de 1510, on restera frappé de la coïncidence des faits accomplis et du millésime du bijou dont nous venons de parler. C'est sur le revers de la décoration que se lit la date de 1560; il ne serait pas impossible que l'espace vide qui existait d'une façon anormale, entre la date du haut et le poinçon du centre, ait été rempli jadis par les armoiries de Maximilien de Bergues, et qu'une main habile les eût effacées à l'époque de la

(1) Registre aux délibérations de la *Compagnie du noble et souverain jeu de l'arbalestre, premier serment de Cambrai*. — Manuscrit original contenant toutes les signatures des confrères.
(2) Le Glay. — *Cameracum*.
(3) Mémoires de la société d'Émulation de Cambrai. t. XXXI, 1re part., pl. 11.

révolution. Les trous pratiqués au bas de la dite décoration, sembleraient indiquer qu'ils furent ménagés pour orner la plaque de trois *oiselets pendants*. On a vu plusieurs fois cette particularité dans l'histoire de nos compagnies bourgeoises.

On nous permettra de compléter notre digression en terminant la série des affiques du serment des archers de Saint-Georges, par la description d'une décoration faisant partie du cabinet de notre savant confrère, M. H. Rigaux, secrétaire archiviste de la Commission historique du Nord. Cette décoration en filigrane d'argent, avec bélière, représente l'aigle à double tête, qui est, comme on le sait, la pièce noble principale des armoiries de Cambrai. A la place des trois lions d'azur, mis en cœur, on a fixé un médaillon en vermeil ajouré, représentant Saint-Georges et tous ses attributs. Cet objet mesure soixante millimètres de hauteur.

Au moment où nous nous disposons à faire l'envoi de notre manuscrit à la Commission historique, on nous apporte une plaque en étain, style renaissance, ayant au centre la double aigle ajourée, au milieu d'un double grainetis circulaire, agrémenté d'ornements en rinceaux extérieurs également ajourés. Parmi ces ornements, quatre œillets, dont un garni de son clou de même métal, ont été ménagés, et semblent indiquer que la plaque a du être fixée sur un baudrier, une poire à poudre, ou peut-être une *monstre* (de montrer) d'archer. — La double aigle rappelle beaucoup pour le style celle de la plaque de Saint-Nicolas. Elle porte en cœur comme celle-ci, un écusson fruste. Les rinceaux conservent des traces de couleur rouge.

XVI.

LA FONTAINE SAINT-BENOIT ET LA FONTAINE JEAN RASSE.

Les jardins qui s'élèvent sur le bord oriental du grand étang de l'abbaye de Saint-Sépulcre et le cachent aux regards des promeneurs du faubourg de Saint-Gilles, sont arrosés de tous côtés par le charmant petit ruisseau dont les sources existent auprès de la route de Proville, dans une ancienne propriété de la dite abbaye, à quelques centaines de mètres du moulin du Plat-Far-nières, en amont de l'Escaut. C'était en cet endroit des sources, au *Pré Mosteruel*, pour parler le langage des titres du XIII⁰ siè-cle, que les vieux Cambrésiens venaient puiser de l'eau quand ils voulaient l'avoir saine et pure, au temps où nul ne songeait à la faire parvenir jusqu'en ville, à l'aide d'une puissante machine à vapeur établie sur le terrain même, et d'un *château d'eau* élevé sur le point le plus culminant de l'antique mont des bœufs.

C'est improprement qu'on a donné à ce ruisseau le nom de *Fontaine Jean Rasse*, il est connu depuis longtemps sous le nom de *Fontaine Saint-Benoît*.

« La *fontaine Jean Rasse*, dit M. Eugène Bouly de Lesdain (1), n'est en réalité que l'une des sources de la *fontaine Saint-Benoît*, mais de temps immémorial le propriétaire du terrain sur lequel elle jaillit en a détourné le cours à sa plus grande convenance, et maintenant cette fontaine tombe presqu'immédiatement dans l'Escaut. »

Ce Jean Rasse, dont la petite fontaine a fait parvenir le nom jusqu'à nous, descend des seigneurs de Quiévy. « Rasse de Quiévy, dit l'historien de Cambrai, Jean le Carpentier (2), était grand bailly du Cambrésis en l'an 1266. Il fut père d'un autre Rasse dit de Lattre, chevalier, allié avec Ermangarde de Sausoy, de laquelle il eut Jean Rasse et Guy de Quiévy, dit de Lattre, etc. » Cette maison, éteinte depuis longtemps sans doute, portait pour armoiries : d'azur au chevron d'argent accompagné de trois croix de même

Dans son glossaire topographique de l'ancien Cambrésis, M. Le Glay cite la *fontaine Jean-Rasse* d'après les comptes de l'ab-

(1) *Dictionnaire historique de Cambrai*, p. 149.
(2) *Histoire de Cambrai*, III⁰ partie, p. 925 et 726.

baye du Saint-Sépulcre, pour l'année 1331 : « A Proville, entre
» la *fontaine Jean-Rasse* et l'Escaut, pour le pourvéance de le
» Mosteruel (1). »

Suivant une légende populaire et inédite, la *fontaine Saint-
Benoît* devrait son nom à une apparition céleste qu'eut, au onzième siècle, le bienheureux Liébert, évêque de Cambrai, fondateur de l'abbaye du Saint-Sépulcre, et par cela même, patron de
l'église métropolitaine *actuelle* de cette ville, des révolutionnaires
étrangers à Cambrai, ayant détruit, en 1793, la métropole de
Fénelon.

Neveu de l'évêque Gérard de Florines, l'un des plus éminents
prélats qui illustrèrent le siége épiscopal de Cambrai, Liébert
était venu, jeune encore, établir sa résidence dans le palais de
son parent, et se former, sous sa haute direction, à la pratique
de toutes les vertus, comme à la connaissance des belles lettres et
de la philosophie. Il profita si bien des leçons de ses maîtres,
qu'il fut chargé, dit son historien (2), quoique dans un âge peu
avancé, d'enseigner lui-même aux autres les lettres sacrées et
profanes. L'innocence de son cœur et la sagacité de son esprit
savaient donner beaucoup de charmes à ses leçons; il se servait
de l'éloquence et de la beauté du langage harmonieux des auteurs
païens pour relever la beauté de la céleste doctrine et des divines
écritures.

Le temps que Liébert était obligé de donner au repos de l'esprit, il le consacrait souvent à des promenades solitaires, vers
lesquelles il se hâtait de diriger ses pas. Les rives élevées de
l'Escaut, où sourdent *les fontaines d'eau vive*, avaient surtout
pour lui un attrait qu'il ne cherchait nullement à maîtriser. Il
aimait au contraire à retremper son âme virginale et pure au sein
de ces riantes solitudes, où tout le conviait à adorer continuelle-

(1) Page XLIV.

(2) M. l'abbé Destombes. — *Vies des saints de Cambrai et d'Arras*, t. 3,
p. 349 et 350.

ment le divin Créateur, par la contemplation des merveilles sorties de ses mains, et Liébert retournait toujours meilleur et plus inspiré auprès de ses chers élèves.

Lorsque les honneurs vinrent le trouver et payer un juste tribut d'hommages aux éminentes qualités qui faisaient du jeune Liébert un homme de distinction au-dessus des hommes éminents qui l'entouraient, il n'oubliait jamais, dès qu'il en avait le trop rare loisir, de revenir au *pré Mosteruel*. Et ne l'eut-on pas su, qu'on aurait deviné sa promenade de prédilection, à l'air radieux qu'elle donnait à sa noble physionomie. Il trouvait toujours du bien à faire durant le cours de ses excursions, et tant était la douceur de ses traits et l'aménité de ses paroles, que les pauvres gens qu'il allait visiter et secourir, chaque fois qu'il sortait, ne pouvaient se résoudre à le laisser partir sans suivre ses pas en le bénissant, et ne le quittaient qu'à regret à l'entrée de la ville.

Mais Liébert rendait bien au peuple tout l'amour que celui-ci lui témoignait. Il serait plus vrai de dire que le peuple ne l'aimait tant, que parce qu'il savait se montrer reconnaissant de ce que Liébert faisait tous les jours en sa faveur, car tandis que le saint évêque « ne mangeoit que du pain d'orge le plus souvent et beu- » voit eaue sans qu'on s'en apperceust, en tout temps il avoit une » table attourée de pauvres, aussi furnie de viandes que la » sienne (1). » Non-seulement il étendait ses libéralités à tout le monde, mais on le voyait lutter avec une grande énergie contre les tyrans qui oppressaient les Cambrésiens. Aussi, dès que la mort du grand évêque Gérard de Florines fut annoncée, le clergé et le peuple s'empressèrent d'élever sur le siége épiscopal de Cambrai et d'Arras le vertueux Liébert. Au lieu de s'en réjouir, sa modestie s'en alarma; il fallut en quelque sorte lui faire violence pour le décider enfin à prendre en main la crosse pastorale.

(1) Guillaume Gazet.— *L'ordre et suyte des Évesques de Cambray et d'Arras*, page 27.

« Les églises de Cambrai et d'Arras (1) jouissaient depuis plusieurs années des bienfaits de la sage et ferme direction de saint Liébert, quand Dieu lui inspira le désir d'entreprendre le pèlerinage en terre Sainte . . . .

. . . .

» Quelque temps après, *le saint Évêque Liébert sortit de la ville de Cambrai suivi de son peuple qui l'accompagna l'espace de trois lieues, en répandant des larmes et en poussant des gémissements.* Là, le pasteur leur donna à tous sa bénédiction, et, suivi de trois mille personnes qui s'étaient engagées à faire ce pèlerinage avec lui, il continua sa marche. » Cependant, il eut la douleur de ne pouvoir réaliser son pieux projet et dut rentrer dans sa patrie, après avoir pénétré, au milieu des plus grands dangers, jusqu'à Laodicée, où il s'était embarqué, mais en vain, pour la Palestine.

Le retour de l'évêque Liébert à Cambrai fut signalé « *par les transports de la plus vive allégresse* » au milieu des acclamations d'un peuple immense accouru de tous les points des deux diocèses de Cambrai et d'Arras.

Mais le saint Prélat ne pouvait se consoler de n'avoir pu contempler et vénérer en se prosternant le divin tombeau du Sauveur. Cette pensée le rendait souvent morne et triste. On le voyait bien, comme autrefois, profitant de la visite qu'il faisait aux pauvres chaumières, on le voyait la tête penchée prendre le chemin des fontaines, mais on remarquait aussi, non sans douleur, que des larmes abondantes inondaient son noble et beau visage, dès qu'il se cachait aux regards du monde en pénétrant dans l'étroit et rapide sentier de sa promenade préférée.

Un jour d'été, que le bon et généreux pasteur avait versé, dans le sein des pauvres, des aumônes plus abondantes et les avait bénis et consolés avec un accent plus onctueux que jamais, il s'éloigna avec une certaine précipitation, et descendit si vive-

(2) M. l'abbé Destombes. — *Vies des Saints.*

ment vers les sources, que ses bons amis les pauvres, comme il
se plaisait à les nommer, ne purent que le suivre des yeux ; mais
des bûcherons, qu'il n'avait pas remarqués, cessèrent leurs travaux dès qu'ils le virent s'avancer, se décoiffèrent avec respect et
se mirent à genoux.

Les sources, à cette époque, étaient abritées par des arbres
séculaires dont le feuillage ne laissait passer qu'un jour incertain
et douteux, de sorte que saint Liébert s'y trouvait mieux à l'aise
que partout ailleurs pour s'y livrer aux contemplations mysti-
ques et donner un libre cours aux divines aspirations de sa
grande âme.

Le saint Prélat, qui venait de s'arrêter en ces lieux, s'était à
peine agenouillé, qu'une lumière beaucoup plus vive répandit
autour de lui une clarté inaccoutumée; ce qui attira davantage
l'attention des bûcherons. Ceux-ci, presqu'effrayés, firent signe
de la main aux pauvres gens d'accourir. Les plus empressés écar-
tèrent immédiatement les branches à l'endroit où ils se trouvaient ; tous assistèrent à une scène étrange, surnaturelle. Toute
la personne du saint Évêque était entourée de lumière, et l'extase
dans laquelle il était tombé avait quelque chose de si ravissant,
qu'il semblait ne plus appartenir à la terre.

C'était l'heure où le soleil commence à descendre à l'horizon ;
saint Liébert suivait des yeux, dans un ciel éclatant, un rayon
large, immense et lumineux, sortant d'un triangle formé par des
nuages de pourpre et d'or. Tout-à-coup, sur le rayon, dans un
bige enflammé, traîné par des coursiers ailés, il vit saint Benoît
debout, portant la main gauche sur le cœur et tenant dans la
main droite un rouleau diaphane. Saint Liébert lui souriait avec
bonheur, et ses bras tendus vers les cieux lui permirent bientôt
d'étreindre sur sa poitrine, dans un élan d'amour divin, le céleste
messager qui venait le visiter : Liébert, lui disait-il, vos regrets
et vos pleurs ont touché le divin maître ; il voulut éprouver votre
foi en suscitant sur vos pas mille obstacles pour vous empêcher de
parvenir jusqu'aux lieux saints de sa sépulture; mais il m'envoie

dévers vous, porteur des plans de son tombeau, afin qu'ils vous
servent de modèle pour la construction du Saint-Sépulcre que
vous édifierez au milieu du temple élevé non loin des murs de
Cambrai, par les soins de votre illustre prédécesseur. Vous en
confierez la garde aux religieux de mon ordre, et les ouailles con-
fiées à vos soins vigilants et paternels qui visiteront dévotement
ces lieux saints, jouiront auprès de vous, dans le ciel, avec le
Christ, de la béatitude éternelle que Dieu donne à ses élus.

Il dit, et rapide comme la pensée, il disparut derrière de blan-
ches nappes de vapeur, telles qu'on en voit le soir d'un beau
jour, se condensant dans une tiède atmosphère, au-dessus des
paisibles vallons.

Il disparut sans reprendre ni char ni coursiers qui s'abîmèrent
avec fracas, dans la source la plus profonde, ne laissant après eux,
que des perles précieuses, de saphir, d'émeraude et d'opale. Et
chose plus surprenante encore, les fontaines voisines furent
l'objet du même prodige; le fond de toutes les sources s'emplit
également, à la même heure, de perles précieuses que la main de
l'homme n'a jamais pu ravir, et que l'on peut encore voir briller
de nos jours lorsqu'elles sont débarrassées des herbes qui les
couvrent.

Saint-Liébert resta longtemps en extase aux lieux de la céleste
apparition; quand il eut fini de prier, on le vit faire le signe de
la croix avec l'eau de la source, il prit le plan béni du Saint-
Sépulcre, et le cœur transporté d'une joie indicible, regagna sa
ville épiscopale, persuadé d'avoir été le seul témoin de cette scène
mystique et grandiose.

Après son départ les braves gens qui avaient vu le prodige et
qui étaient tombés à genoux, se relevèrent, allèrent à leur tour se
signer avec l'eau de la fontaine miraculeuse, et racontèrent dans
toute la contrée ce qu'ils avaient vu de leurs propres yeux, et
entendu de leurs oreilles.

Cependant le bienheureux Liébert se mit immédiatement en
devoir d'exécuter les ordres de Saint-Benoît. « En l'an de grâce de

» Nostre-Seigneur, 1064, il jeta les fondements du célèbre monas-
» tère du Saint-Sépulcre. Il donna pour cette pieuse entreprise
» une partie considérable de ses biens et n'épargna rien pour
» assurer l'avenir et la prospérité de cette maison (1). »

La fontaine mystérieuse fut comprise dans les propriétés que
les religieux de l'abbaye du Saint-Sépulcre, dûrent aux libéralités
de Saint-Liébert. Ils élevèrent une chapelle au-dessus de la source
où le char et les coursiers ailés de Saint-Benoît avaient été
engloutis. Elle rappelait encore le miracle opéré par Saint-Benoît
qui fit jaillir par l'ardeur de ses prières la fontaine connue de nos
jours, sous le nom de Saint-Jean dell'Acqua (2) et donnèrent à la
fontaine le nom de l'illustre fondateur de leur ordre. La chapelle
fut durant des siècles l'objet de la vénération des Cambrésiens,
jusqu'à ce qu'enfin les révolutionnaires de 1793 la rasèrent au
nom de l'égalité. Naguère encore on en voyait les ruines, jusqu'au
jour où livrées à l'administration de la Compagnie formée à
Cambrai pour la distribution des eaux, les *sources de la fontaine
de Saint-Benoît* furent enveloppées de maçonnerie et disparurent,
pour jamais sans doute, aux yeux des promeneurs, à l'exception
toutefois d'une seule qui subsiste encore au soleil, et dans laquelle
les amateurs des choses surnaturelles aiment toujours, comme nos
bons ayeux, à voir briller au fond des eaux, entre les rameaux
agités des plantes aquatiques, les perles précieuses de saphir,
d'émeraude et d'opale.

---

(1) M. l'abbé Destombes. — Voir encore sur *Saint-Liébert* : Bouly — Balderic
— les Bollandistes — Baronius — Ferry de Locres — Mabillon — Paquot —
Le Glay — Michaud, etc.

(2) Godescard. — *Vie des Pères, des Martyrs, etc.*, t. 3, p. 75.

XVII.

LA PLACE DU PLAT FARNIÈRES.

La petite *place du Plat Farnières* plantée jadis de beaux arbres régulièrement alignés, est limitée au levant par la route de Cambrai à Proville et au nord-ouest par le *pont du Moulin du Plat.*

Sur le plan levé en 1748 pour le règlement de la *seigneurie des Indivis* on distingue sur la *place du Moulin du Plat Farnières*, du côté du pont de la fontaine Saint-Benoît, une porte donnant accès à une grande propriété appartenant à M. l'abbé Lemaire de Biré (1). Cette propriété occupant toute la partie gauche de la dite place, était entièrement entourée d'eau, d'un côté par l'Escaut, de l'autre par la fontaine de Saint-Benoît. On se trouve sur la même place, à droite, à *l'origine de l'Escautin*, servant à la petite décharge du *moulin du Plat.* Entre ce bras de l'Escaut et le courant de la fontaine on voyait l'une des trois portes d'entrée conduisant à *l'étang de Saint-Sépulcre.*

Après le premier pont jeté sur l'Escautin, une autre porte ouvre sur *l'île Saint-Gilles.* C'est tout à la fois la porte du *Moulin du Plat Farnières*, et celle par laquelle on arrive à toutes les propriétés de l'île, les terrains des Bénédictins du Saint-Sépulcre, celles de Sainte-Croix, le Beau-lieu, les fortifications, et même la Tour des Arquets.

C'est au delà du pont du *Moulin du Plat* qu'on rencontre à droite, l'*Allée de Fénelon*, conduisant au canal de Saint-Quentin, et à gauche, le chemin longeant les hayes de la maison de campagne de l'abbaye et conduisant aux jardins et aux habitations de Proville avant d'arriver au moulin de cette commune.

Voyons s'il ne serait pas possible de rattacher le *Pré Mosteruel* à notre sujet. Suivant la charte de 1221, donnée par l'évêque Godefroy de Fontaines, et confirmant à l'abbaye du Saint-Sépulcre, la pos-

---

(1) Son parent, M. Fontaine de Biré, était prévôt du chapitre, première collégiale de Saint Géry. — Le Glay, *Cameracum*, p. 103.

session d'un pré situé sur la rive de l'Escaut avec quelques terres adjacentes, et mieux encore par les termes des comptes de l'abbaye de 1331, qui déclarent que le *dit pré est situé entre la Fontaine Jean-Rasse et l'Escaut ?*

S'il en était ainsi, le *Pré Mosteruel* (1) ne serait rien autre que le grand terrain devenu plus tard la propriété de M. Lemaire de Biré, dont l'entrée se voyait sur la place du Plat-Farnières (voir planche I).

Vendu à la révolution, le jardin de M. Lemaire de Biré, fut livré à l'industrie, et transformé successivement en amidonnerie, distillerie, etc.

Depuis que M. Bertrand-Milcent en a fait l'acquisition, en 1862, cette propriété, complètement métamorphosée, a vu s'établir un tissage contenant deux cent dix métiers à tisser, garni de tous les accessoires de bobinage, etc,, produisant en moyenne quatre mille mètres de toile par jour, d'une valeur de six mille francs environ. Une blanchisserie très-importante y a été adjointe.

C'est l'établiesement de M. Bertrand-Milcent, qui produit les oiles les plus fines qu'on tisse mécaniquement en France.

La *place du Plat-Farnières* faisait partie de la *Seigneurie des jardins*. On verra au chapitre XXIe, consacré spécialement à cette seigneurie, ce qu'elle était, et à quel endroit elle était située.

L'allée de Fénelon, décrite dans le XXIVe chapitre, contient d'une manière plus particulière des détails sur l'étendue de la dite seigneurie, parce que nous aimons à y retrouver les traces du grand archevêque de Cambrai, nous surprenant parfois à écouter si la voix de l'écho n'a pas gardé quelque souvenir de sa voix aimée.

Nous ne dirons rien de plus de la *place du Moulin-Farnières*, si ce n'est qu'elle était ordinairement le lieu de rendez-vous pour la lecture des cartulaires, lorsqu'il s'agissait de renouveler les baux des propriétés dans le faubourg Saint-Gilles ou environs.

---

(1) En divisant ce nom, *moste-ruel*, les étymologistes trouveraient peut-être quelque analogie avec la configuration du sol, composé d'une côte ou motte, *moste*, et d'une vallée étroite ou *ruelle* très resserrée ; particularité frappante qu'on constate à la fontaine Saint-Benoît, laquelle coule entre le chemin élevé de Proville, et les bords de l'Escaut, dont elle n'est séparée que par une langue de terre très-restreinte.

Nous rappellerons toutefois ce que nous avons dit au XIᵉ chapitre, que cette formalité s'annonçait longtemps d'avance par des affiches apposées aux endroits ordinaires de Cambrai et de la banlieue et particulièrement contre les murs de la chapelle Saint-Gilles. Le lundi 13 juin 1768, une circonstance fortuite obligea de faire la dite lecture ailleurs que sur la *place du Plat-Farnières*.

XVIII.

LA PLACE DE LA CHAPELLE SAINT-GILLES.

Contrairement à ce qu'on avait annoncé pour le **13 juin 1768**, on ne put exécuter au pied de la lettre la teneur des affiches. Le mauvais temps entravait les projets des notaires-tabellions du duché de Cambrai, qui ne pouvaient instrumenter sur la *place du moulin Farnières*, ni s'exposer a y faire la lecture des cartulaires, sans courir le danger de les laisser gâter par la pluie. Tout le monde qui arrivait sur la dite place, pour cette formalité, dut se réfugier dans la *chapelle Saint-Gilles*. Cette mesure prouve que le petit monument était assez spacieux pour contenir beaucoup de monde.

Donc le 13 juin 1768, on choisit la *chapelle Saint-Gilles* comme l'endroit le plus proche du lieu indiqué, et le plus convenable. Le procès-verbal de cette séance, qu'on lit à la fin de l'un de nos manuscrits, mérite d'être cité. Il donne les noms et qualités des personnages, abbés, hauts dignitaires, fermiers et autres qui intervinrent dans l'acte :

« Le présent cartulaire des dîmes, terrages et soyetés de
» Messieurs les Prevôt, Doyen et chapitre de l'église première
» collégiale de Saint-Géry contenant quarante-deux feuillets, qui
» ont été par nous, notaires tabellions du duché de Cambray,
» soussignés, cotés et paraphés, tant en tête qu'au bas de
» chaque page, ainsi que les plans y insérés, a été aujourd'hui
» treize de juin, mil sept cent soixante huit, renouvelés et publiés
» en la *chapelle de Saint-Gilles, faubourg du dit Cambray*, ensuite

» des attaches mises et affichées par trois dimanches consécutifs,
» tant aux quatre portes de la dite ville, qu'à la chapelle qui est
» au milieu du marché d'icelle; à la chapelle de Saint-Roch, à
» celle de Saint-Liévin, à celle de Saint-Druon, à celle de *Saint-*
» *Gilles,* qu'aux villages d'Ecaudœuvres, Cauroir, Awoin, Niergny,
» Rumilly, Masnières, Marcoing, Noyelle et Proville, ainsi qu'il
» conste de la relation des sergents Sanse et Claisse, mise en
» marge de l'affiche originelle qui nous a été représentée, laquelle
» demeurera jointe aux présentes; lesquelles affiches annon-
» çoient la publication pour ce jour, sur la place du *Moulin du*
» *Plat dit Pharnier, que le mauvais temps obligea de publier dans*
» *la chapelle de Saint-Gilles,* comme l'endroit le plus proche et le
» plus convenable, à laquelle publication furent présents:

» Messire Charles-Joseph Goulart, prêtre, chanoine, sindic et
» grand chantre de l'église métropolitaine dudit Cambray; —
» Messire Emmanuel-Joseph Delaunoy, prêtre, chanoine gradué
» et officier du four de la dite métropole et messire Sébastien-
» Joseph Rousseau, prêtre, chapelain de la dite église, et secré-
» taire du chapitre de cette métropole; — tous trois députés et
» suffisamment à ce autorisés par acte capitulaire.

» Guislain Dazin, fermier des droits de dîmes et terrages
» appartenant à la dite église métropolitaine; — et Druon Copin,
» son tourneur.

» Marc Lefebvre, fermier de la dîme d'Écaudœuvre, appartenant
» à la même métropole — et Ambroise Allard, son tourneur.

» Et comme députés dudit chapitre de l'église, première collé-
» giale de Saint-Géry, furent présents:

» Messire François de Herbais de Thun, prêtre, chanoine, et
» grand ministre; André Denys, prêtre, chanoine et syndic — et
» Humbert-Joseph-Marcoult Lamoninary, aussi prêtre, chanoine,
» et officier du grenier dudit chapitre.

» Louis Pagniez fermier des dîmes et terrages de la banlieue
» appartenant au même chapitre — et Jacques Delcroix, son
» tourneur.

» Et comme députés du chapitre de l'église collégiale de Sainte-

» Croix : Vénérables sieurs, Messieurs Jean Louis Théodore Remy,
» prêtre, chanoine, receveur de l'assize; Joseph Boyher, aussi prêtre
» chanoine, receveur de la fabrique dudit chapitre ; assistés de Jean
» Nicolas Quarrez, tourneur de la disme et terrage que le
» chapitre a sur Noyelles.

    » Et pour l'abbé de Saint-Sépulcre, comparant :

    » Révérend père en Dieu dom Paul Limal, abbé; — dom Louis
» Lallemant, prêtre, religieux, procurateur et receveur;— et dom
» Maur Ledoux, receveur des grains de là dite abbaye, assistés de
» Sébastien Duchatel et de Dominique Rondeau, tous deux
» anciens tourneurs de leur dîme de la banlieue ; — Druon et
» Pierre Copin, tourneurs actuels de la dite dîme ; — Jean Albert
» Charlet, fermier de la dîme de Masnière ; — Jean Maniez, fer-
» mier de la dîme de Rumilly et Antoine Crépin son tourneur ; —
» Jean Louis Tellier dîmeur de la dite abbaye à Niergny, et Louis
» Tellier, son tourneur; — Michel Crespin, fermier de la Marlière,
» et dîmeur d'une partie de la banlieue; Hubert Dhordain,
» fermier et dîmeur de la même abbaye au village de Cauroir,
» qui en est lui même le tourneur.

    » Et pour le seigneur archevêque est aussi comparu; le sieur
» Charles-François Bernard, son receveur, assisté de Nicaise
» Devillers, fermier des terrages et soyeté de mondit seigneur
» archevêque à Proville.

    » Pour les dames prieure et religieuses de l'hôpital Saint-
» Julien, fut présent M° Nicolas Trigaut, prêtre, bénéficier de
» Notre-Dame, en qualité de receveur dudit hôpital, assisté de
» Jean Philippe Lemoine, — Jean Baptiste Mory, — Pierre Bou-
» langer, — Michel Taffin, — Pierre Hutin, — Éloi Hutin,
» dîmeur et terrageur pour le faubourg;—Jean Jacques Delcroix,
» et Ambroise Allard, leur tourneur ; — Guislain Hutin, dîmeur
» et terrageur de Proville; Jacques Panien leur fermier.

    » Pour les Dames prieure et religieuses de l'hôpital Saint-Jean,
» comparut encore ledit sieur Jean-Louis-Théodore Rémy, prêtre
» et chanoine de Sainte-Croix, leur receveur, assisté de Jérôme
» Devillers, fermier dudit hôpital.

» Pour les Dames abbesse et religieuses de Prémy, Mᵉ Philippe
» Joseph Laloyaux, prêtre, chapelain de la métropole, leur
» recevèur, assisté de Jean-Philippe Quarrez, fermier de la dite
» abbaye, pour leur dîme à Marcoing et Jean-Baptiste Legrand,
» son tourneur; — Jean Leguillez, fermier de l'abbaye de Saint-
» Aubert.

» Et furent aussi présents à cette publication :

» Mᵉ Félix Rivart, prêtre, curé de Marcoing; — Mᵉ Charles-
» Joseph Fontaine, prêtre, curé de Noyelles; — Mᵉ Jacques-
» François Boissart, prêtre, curé de Proville; — Mᵉ Jean-Joseph
» Delacourt, prêtre, curé de Masnières; — André Dinoir, fermier
» à Proville; — Jacques Boulanger; — Jean-Baptiste Crespin;
» — François Dëjardin: — Louis Arfaut — et Adrien Dumont,
» fermiers au faubourg; — Amand Drappier, fermier et mayeur
» de Cauroir, et autres soussignés, qui ont tous déclaré les dits
» droits de disme et terrages, énoncés aux articles du présent
» cartulaire, conformes aux anciens et ne s'est fait d'autres opposi-
» tions que les suivantes, sçavoir : Celle formée par le procureur
» de Saint-Sépulcre à l'article vingt-deux du canton E, que l'on
» est convenu de purger à l'amiable, et celle formée par Louis
» Harfaut, au vingt-septième article du canton III, au sujet des
» neuf mancands de bled qu'il paye audit chapitre, pour rachat
» de dismes et terrage prétendant trop payer, n'occupant que
» sept mencaudées et demie du bénéfice de Sainte-Anne, fondé en
» l'église de la Madeleine. Et observé par le fermier des dits droits
» de disme et terrage, ainsi qu'attesté par les comparants ci-
» dessus, que quoique les anciens cartulaires, ainsi que le présent,
» énonce que la disme et terrage dudit chapitre de Saint-Gèry
» sont de dix-sept gerbes, que néanmoins l'on est en possession,
» depuis longues années de la percevoir que sur le pied de
» quinze, dont sept pour disme et huit pour terrage, de quoi les
» comparants nous ont requis actes, ainsi que les opposants de
» leur opposition, que leur avons accordé des présentes, qui
» furent faites et passées en la *dite chapelle de Saint-Gilles*,
» présents Jean-François Delabre et Antoine-François Delabre,

» tous deux arpenteurs, demeurant à Fontaine Notre-Dame, le
» dit jour treize et continué le quatorze de juin, mil sept cent
» soixante-huit. » Suivent les signatures autographes de toutes les
personnes précitées.

La *place du Plat-Farnières*, et surtout *celle de Saint-Gilles*,
étaient donc des lieux de réunion publique, où le populaire du
bon vieux temps allait prendre connaissance des choses qui l'in-
téressaient. Le premier septembre, principalement, jour de la
fête de Saint-Gilles, abbé, on inaugurait *la ducasse* par de pieux
offices, et les gildes de l'arc à main, ne manquaient jamais de
s'y réunir, pour offrir au Saint patron de la contrée, la boule
d'argent traditionnelle, gagnée par l'heureux vainqueur, au bruit
des cris de joie et des trépignements d'une foule en liesse.

Disons à propos de cris, que la place Saint-Gilles était le
rendez-vous des enfants du quartier. On les voyaient s'y livrer à
toutes sortes de jeux, et plus d'une fois à l'aspect d'une pièce de
monnaie jetée en l'air, on les entendit répéter : *tête Saint-
Pierre! Pile Saint-Gilles!* suivant les vœux de ceux qui désiraient voir retourner ou le droit ou le revers de la pièce, pour
avoir gain de cause (1).

> J'ay veu le temps qu'on veoit filles aller
> Jouer aux champs, violettes cueiller,
> Menger le laict près le METS (MAI) DE SAINT-GILLE
> Pour rafrescir : craim' bouillye à *Proville*.
> Porter tartrons, tourteaux et flandelets, (2)
> Aultre douceur ; à gros bord les dorets ; (3)
> Premier Lundy avant la Pasque close
> Quand on alloit à pardon à *S.-Olle*, (4)
> On y veoit aller les clercq sonnets, (5)
> Enfants de chœur rapporter œufs rougets;

(1) Ce détail a été mis ici pour répondre au VIIIe paragraphe du *Questionnaire sur le culte de Saint-Gilles*, rédigé par M. l'abbé Ernest Remby, de Bruges, ainsi conçu : **Existe-t-il des coutumes populaires ou des traditions locales se rat-tachant au culte de Saint Gilles ?**

(2) Petits flans.
(3) Tartes saupoudrées de sucre qui les dorait en cuisant.
(4) Village auprès de la châtellenie de Cantimpré.
(5) Petits clercs.

Lors on alloit au villaige al ducasse (1)
Pour y gaudir (2) et y faire fricasse
Las ! ce temps là vous est bientôt passé ;
Dieu veuille avoir l'âme du trépassé ! (3)

XIX.

L'ÉTANG DE L'ABBAYE DU SAINT-SÉPULCHRE.

Entre l'Escautin et le courant de la fontaine Jean Rasse se trouvait un terrain au milieu duquel était situé le *grand étang de l'abbaye du Saint-Sépulcre* renommé par l'excellence de ses carpes.

Un mémoire (4) rédigé par l'abbé et les religieux du Saint-Sépulcre, pour la revendication des biens de l'abbaye, confisqués à la fin du siècle dernier au profit de la nation, contient le paragraphe suivant : « L'abbaye possédait, avant la révolution, un » étang considérable contre le rempart et qui servait de fortifica- » tion à la ville. Le contour de cet étang était planté de quantité » d'arbres de différentes espèces, dont la vente eut procuré à » l'abbaye plus de 20,000 florins ; à cet étang, qui était très-bien » empoissonné, joignaient de beaux réservoirs. Le tout fut vendu » 17,000 francs avec les terrains qu'on dénatura de suite, en » abattant les arbres, en comblant l'étang et en détruisant les » réservoirs. »

Nous trouvons dans une correspondance manuscrite de M. le docteur Le Glay (5) des détails de nature à nous faire mieux con-

(1) Fête, kermesse.

(2) Du latin gaudere se réjouir.

(3) *Les Troubles de Cambray*, fol. 120.

(4) Manuscrit original du cabinet de l'auteur : *Farde de l'abbaye du Saint-Sépulcre, à Cambrai.* Ce mémoire a été publié par M. E. Bouly dans les soirées de l'abbé Tranchant.

(5) Farde du cabinet de l'auteur : *Documents pour servir à l'histoire des rues, places, carrefours, enseignes, etc., de Cambrai et de la banlieue*, § Faubourg de Saint Gilles.

naître le terrain. C'est un extrait du procès-verbal de réception d'enchères, du 28 février 1791 : « N° 51. Du grand étang de la » ci-devant abbaye de Saint-Sépulchre, et la partie qui l'en- » toure, contenant quinze mencaudées, renfermé de fossés, de » hayes, avec trois entré, dont l'une tenante aux glacis de la » fortification, une autre près la petite décharge du moulin du » Plat et le ruisseau de la fontaine Jean-Rasse, et la troisième » porte cochère, vis-à-vis le derrière de la chapelle Saint-Gilles, » dans lesquelles quinze mencaudées, tout compris le petit che- » min planté en bois-blancs, depuis la ditte chapelle jusqu'à la » porte ; est aussi comprise la partie du verger qui se trouve entre » le grand et le petit Escaut, depuis le pont du moulin, mur de » clôture compris, jusqu'à la mencaudée de Sainte-Croix, la- » quelle langue de terre à verger est soumise à livrer passage pour » les terres et jardins compris entre les deux Escaut jusqu'au » glacis (glacis des fortifications). Est aussi affectée à cette partie » la propriété de la petite écluse sur le fossé de la fontaine Jean- » Rasse, près le bras de l'Escaut, dit de Prémy. »

L'étang de l'abbaye de Saint-Sépulcre est aujourd'hui desséché. Le fond était autrefois garni d'un tissu métallique. Un mécanisme le faisait remonter à la surface et permettait de choisir le poisson sans perdre beaucoup de temps et de patience dans une pêche aux chances aléatoires. Nous tenons ces détails de M. Longatte, blan- chisseur, propriétaire actuel du terrain sur lequel existait le dit étang.

La fontaine Saint-Benoît alimentait les réservoirs de l'étang. Ces réservoirs, encore garnis de vestiges d'écluse, ont été con- servés.

On sait que les disciples de Saint-Benoît suivaient strictement les lois de l'abstinence ; c'est pour cela que l'évêque Liébert son- gea à les pourvoir de tout ce dont ils avaient besoin pour le carême perpétuel auquel ils s'étaient voués.

Parmi les priviléges que les Bénédictins du Saint-Sépulcre pos-

sédaient en vertu de l'acte de fondation, ils jouissaient du « *droit*
» *de Tol* (1) *au marché au poisson*, ou *droit de minck :* »

« Entre plusieurs droits est celui du minck qui consiste en
certaine levée de poisson, à chaque somme qui se fait par les
égards, avant que l'on *mincke*. L'abbaye a joui de ce droit jusqu'en 1789, suivant l'exécution du concordat passé sur la fin du
dernier siècle entre le Magistrat, le gouverneur de la ville et
l'abbaye, qu'ils engagèrent à se relâcher sur certains poissons de
son droit en entier, lequel était d'un poisson à chaque somme,
moyennant, qu'en dédommagement, elle percevrait sur les petits
poissons deux ou quatre à la somme. « Il ne s'est élevé aucune
» difficulté depuis le dernier concordat sur la perception de ce
» droit, qui fait une partie de la première dotation de l'abbaye. »

Les religieux du Saint-Sépulcre avaient encore le *tonlieu* (2)
sur les fruits.

« Un troisième droit dont jouit l'abbaye est celui de tonlieu sur
» les fruits, etc., qui se vendent au marché et dans la ville,
» *minuthem thelonuum;* ce droit est de peu de revénu, ne se
» percevant qu'à raison de deniers, liards et patars; avant la
» révolution il n'étoit affermé que de deux louis (3). »

Le droit de pêche, dans certaines parties de l'Escaut et dans les
rivières, appartenait encore à l'abbaye. L'acte de fondation de
1064 lui donne ce droit entre le moulin de Proville et celui de
Noyelles, et, l'appointement de Wallerand de Luxembourg
(10 octobre 1354), contient le paragraphe suivant :

« Au septiesme article faisant mention de la pescherie des
fossets de Saint-Sépulcre, le sire de Liny, dessus dit, appelle à
son conseil telle personne que luy plaira, voira les chartres de
la dite abbaye de Saint-Sépulcre, faisant mention de ce, et elles
considérées et tout ce qu'en tel cas appartient à considérer ouyes

(1) Du mot tollere, prendre, prélever.
(2) Du latin *theloneum*, *teloneum*.
(3) Cabinet de l'auteûr. — Farde de l'abbaye de Saint-Sépulcre.

les parties et leurs raisons, en déterminera la forme et les ma-
nières que luy semblera bon à faire par raison. »

Les eaux des fossés baignant les fortifications de la ville appar-
tenaient à l'abbaye de Saint-Sépulcre, qui recevait du Magistrat
une redevance annuelle : « A la dite abbaye de Saint-Sépulchre,
pour les fossés hors de la porte de Saint-Sépulchre jusqu'à l'Escautin, est deue une rente de trois florins, deux patars, six deniers au jour de Noël (1). »

L'église de Saint-Géry prélevait aussi une faible redevance
pour une petite portion de propriété des eaux des fortifications :
« A l'église Saint-Géry, pour la fontaine et claires eaux qui abreu-
» vent les fossés de la ville, est due au jour de Noël six patars
» trois deniers (2). »

L'un de nos manuscrits nous fait connaître encore l'intitulé d'un
« contrat d'accord pour le *warescaix*, qui est entre le vivier de
» Saint-Sépulcre et la rivière de l'Escaut. »

Enfin, à la suite d'une feuille intitulée : « S'ensuivent les
» rentes que l'abbaye de Saint-Sépulcre doit annuellement à plu-
» sieurs églises et personnes (3); » nous trouvons la note suivante : « Il y a erreur dans le calcul de don Joseph touchant ce
» dernier article, et il consiste en ce qu'il compte la rente de
» sept deniers que nous avons paié tant que nous avons eu la
» pesche des *eaux de Farnières*, pour laquelle nous païons cette
» rente, qui, depuis qu'elle appartient à Mgr l'Archevêque, ne
» doit plus être à notre charge. »

Icy pour mémoire
Dom Il. THIEBAUT.

La note qui précède ne porte pas de date, mais nous possédons
une pièce authentique du 30 novembre 1775, par laquelle maître

(1) Compte de la ville, de 1723.
(2) Compte de la ville, de 1723.
(3) Farde de l'abbaye du Saint-Sépulcre. — Autographes des abbés et des
religieux.

S. F. Pradeau, avocat au parlement, demeurant au palais archiépiscopal de cette ville, au nom et comme fondé de pouvoir de Mgr de Rosset de Fleury, archevêque de Cambrai, loue pour neuf ans :

« 1° Le grand moulin de Selle avec ses quatre tournants, et la maison où étoit cy devant l'usine du Clicotcau..... »

« 2° Le moulin à vent scitué sur le rempart de cette ville, près la porte Cantimpré. »

« 3° Le moulin à vent et usine hors la porte Notre-Dame, près la grande Justice. »

« 4° *La maison, moulin et usine du Plat-Farnières, consistant en un tournant à moudre bled et braye.* »

« 5° La maison, moulin et usine de *Proville*, consistant en deux tournants à moudre bled et braye. »

« 6° *Tous les droits de pêche appartenants à Mgr dans la dite rivière de l'Escaut.* »

« 7° Et vingt mencaudées ou environ de prairies au terroir de Proville. »

Par suite d'un accord antérieur avec les chanoines de Saint-Géry, le moulin du *Plat-Farnières* était donc rentré au domaine de l'Archevêque, ainsi que la *pêche de l'Escaut*, par un autre accord avec les religieux du Saint-Sépulcre.

Le 12 mars 1876, un ouragan terrible s'abattit sur tout le nord de la France. Le Cambrésis eut particulièrement à souffrir du fléau qui ruina quantité de maisons et d'églises, déracina des arbres et fit de nombreuses victimes. Les bâtiments de la blanchisserie Longatte furent en partie détruits. Le propriétaire de cet établissement, cruellement impressionné d'un si grand désastre, vit sa santé s'affaiblir de jour en jour et mourut le 20 mai suivant. M. Bertrand-Milcent racheta cette propriété qu'il fait servir d'annexe à sa blanchisserie.

XX.

L'ÉTANG DE SAINT-SÉPULCRE
ET L'INDUSTRIE SOUS LE PREMIER EMPIRE.

La belle propriété vulgairement connue sous le nom d'étang de l'abbaye de Saint-Sépulcre, avant de passer entre les mains de M. Longatte, blanchisseur, fut affectée, sous le premier empire, par les sieurs Palfrène, père et fils (1), *à l'établissement d'une grande fabrique de mouchoirs de fils teints en couleurs, fixes et solides, à l'aide de seules matières toutes extraites du sol de la France.* Unique en son genre, cette fabrique occupait quatre cents ouvriers et promettait de devenir une source de richesse pour la France, dont le gouvernement encourageait l'industrie afin de pouvoir se passer des produits anglais, que le blocus continental éloignait des ports de l'Europe.

Louis-Jacques Palfrène obtenait, le 25 juillet 1811, par suite d'une décision ministérielle du 7 mai précédent, un prêt de 20,000 francs (2) par le trésor public, en faveur de son établissement; et la société d'encouragements pour l'industrie lui décernait une récompense au mois de juin 1813.

Pour ne pas faire double emploi, on nous permettra de publier quelques pièces officielles, d'un certain intérêt, concernant cette manufacture, qui semblait destinée à enrichir notre pays, mais qui ne put fonctionner que quelques années, faute de ressources suffisantes, et dans laquelle les propriétaires perdirent plus de cinq cent mille francs, somme énorme, pour cette époque, où la France était totalement ruinée.

(1) Les sieurs Palfrène avaient acheté cette propriété à M. Édouard-Ernest-Joseph Quecq. « Elle se composait, outre les bâtiments et leurs dépendances, de un hectare soixante-onze ares quarante-quatre centiares de terre (4 mencaudées, 84 verges, anciennes mesures). »

(2) Sur cette somme, le sieur Palfrène ne toucha que 18,359 fr.

A SON EXCELLENCE,

Monseigneur le Comte de Corvetto, Ministre, Secrétaire-d'État au Département des Finances.

» MONSEIGNEUR,

Le sieur Palfrène, manufacturier à Cambray, supplie Son Excellence de suspendre les poursuites dirigées contre lui par M. l'Agent du Trésor Royal pour le recouvrement d'une avance de 13,359 fr. qui lui a été accordée comme encouragement pour soutenir sa manufacture.

» Louis-Jacques Palfrène, fabricant de mouchoirs de fil en couleurs solides, domicilié à Cambray,

A l'honneur d'exposer à Votre Excellence, qu'après avoir, lui et son père, épuisé une fortune de plus de cinq cent mille francs, pour perfectionner l'invention unique dont ils sont les auteurs, d'une manufacture de mouchoirs de fils teints en couleurs fixes et solides, à l'aide de seules matières toutes extraites du sol de la France, il était parvenu, en 1811, à donner à cet établissement une activité et une étendue susceptibles de faire espérer que bientôt le commerce français allait s'enrichir d'une nouvelle branche d'industrie pour laquelle, jusqu'à présent, il était tributaire de l'étranger.

» Mais alors se commençait la guerre funeste d'Espagne; cette entreprise injuste ferma subitement les seuls débouchés avantageux dont les résultats pouvaient dédommager le sieur Palfrène de ses nombreux sacrifices.

» Cependant, le gouvernement, convaincu de l'influence de la précieuse découverte des sieurs Palfrène, et ne voulant pas en laisser périr le fruit, accorda à l'exposant, le 25 juillet 1811, un secours de vingt mille francs, dont le sieur Palfrène a seulement reçu treize mille trois cent cinquante-neuf francs, pour lesquels il a souscrit, au profit du trésor royal, quatre effets de chacun trois mille trois cent trente-neuf francs soixante-quinze centimes.

« Les circonstances funestes de 1811 se sont prolongées, les malheurs de la France n'ont fait que s'accroître jusqu'au jour si heureux, et si longtemps désiré, du retour précieux du monarque légitime. »

« Sans cet événement consolateur, la manufacture du sieur Palfrène était ruinée sans ressources ; une industrie aussi précieuse, obtenue après tant d'années de travaux et de sacrifices, était perdue à jamais pour la France. »

« Le Roi ramena toutes les espérances. Le sieur Palfrène n'avait pu s'acquitter jusqu'alors ni envers le Roi ni envers ses créanciers : ces derniers, pénétrés du sentiment de bonheur que les soins paternels du Roi devaient répandre sur l'industrie, le commerce et les arts, n'hésitèrent pas à donner au sieur Palfrène toutes les facultés qui étaient en eux pour le remettre à même de réactiver la branche essentielle d'industrie, dont il a seul le secret ; ils consentirent envers l'exposant un attermoyement nécessaire pour laisser à ce manufacturier une tranquillité indispensable à ses utiles travaux. »

« Muni de cet acte, le sieur Palfrène se disposait à implorer la protection et les bontés du Roi ; il ose même dire la justice du gouvernement, pour qu'il daigne consacrer, par sa grandeur et sa magnificence, une mesure que le sieur Palfrène ne craint pas de caractériser ici comme un bienfait destiné à enrichir un jour la France d'une invention qui lui est déjà enviée par l'étranger. »

« Mais au moment où le sieur Palfrène allait se présenter devant le trône de Sa Majesté, M. l'Agent du trésor royal vient de lui faire signifier, le 22 juin, présent mois, une contrainte exécutoire délivrée par Votre Excellence, le 8 du même mois, par suite de laquelle les propriétés, la manufacture, l'industrie et la personne de l'exposant sont menacées de voir consommer leur ruine entière. »

« A Dieu ne plaise, Monseigneur, que l'exposant ose attribuer à votre volonté ces conséquences aussi désastreuses ; il a recours, en ce moment, à la protection juste et éclairée que Votre Excellence accorde au commerce pour arrêter promptement les pour-

7

suites judiciaires de M. l'Agent du trésor royal, qui n'auraient d'autre effet que de ruiner, sans avantage pour le gouvernement, une famille industrieuse et digne d'égards, qui, depuis 40 ans, le sert aux dépens de sa fortune.

» Plus tard, l'exposant s'honore, Monseigneur, de pouvoir vous convaincre des droits qui lui sont acquis à la protection et à la justice du Roi. »

« Il prévient néanmoins, auprès de Votre Excellence, les fortes démonstrations qu'il se propose de lui présenter incessamment à cet égard, en mettant dès à présent, sous ses yeux, copie de la lettre du Ministre de l'intérieur, du 10 août 1811, de celle de la Société d'encouragement pour l'industrie nationale, en date du 17 juin 1813 ; ces premières pièces éclaireront la sagesse de Votre Excellence sur les réclamations d'un père de famille industrieux et utile, dont le sort influe sur celui de plus de quatre cents ouvriers, qui ne vivent que du travail de sa manufacture. »

« Le sieur Palfrène a l'honneur de supplier très-humblement Votre Excellence, de vouloir bien donner les ordres les plus prompts à M. l'Agent du trésor royal, pour qu'il ait à suspendre provisoirement les poursuites qu'il a commencées en vertu de la contrainte du 8 janvier dernier, poursuites auxquelles l'exposant (attendu l'urgence) a cru devoir former une respectueuse opposition par acte extra-judiciaire, qu'il a fait signifier aujourd'hui à Cambray, au fondé de pouvoirs de M. l'Agent du trésor. »

« Le sieur Palfrène mettra dans le plus bref délai, sous les yeux de Votre Excellence, le véritable exposé de sa situation et les preuves les plus entières et les plus convaincantes de ses droits aux encouragements du gouvernement, à sa justice et aux bontés particulières de Son Excellence. »

» (Signé) : PALFRÈNE. »

Paris, le 12 Juillet 1816.

MINISTÈRE
des Finances.

TrésorRoyal

L'AGENT JUDICIAIRE DU TRÉSOR ROYAL,
Membre de la Légion-d'Honneur,

A Monsieur Caudron fils, avoué, rue Vaucelette, à Cambray.

« Son Excellence, le Ministre de l'Intérieur, Monsieur, ayant recommandé particulièrement le sieur Palfrène comme propriétaire d'un établissement qui méritait la bienveillance du Gouvernement, Son Excellence le Ministre des finances a pensé qu'il y avait lieu de suspendre des poursuites qui entraineraient sa ruine. »

« Je vous prie, en conséquence, de ne donner aucune suite à la saisie faite à ma requête, du mobilier du sieur Palfrène, et même d'en consentir la main levée à la charge par le débiteur d'en acquitter les frais. »

« Agréez Monsieur, l'assurance de mon sincère attachement. »

. « (Signé) : AZEIN. »

« *Traité passé entre le sieur Palfrène manufacturier à Cambray, et ses créanciers, le 23 avril 1816, et auquel l'agent judiciaire du Trésor Royal a adhéré le 26 juillet 1816, conformément à la décision de Son Excellence, le Ministre des finances du 18 du même mois.* »

« Depuis plusieurs années, M. et Mme Palfrène ont fait les plus grands efforts et d'énormes sacrifices pour faire marcher un établissement qui n'a pu se perfectionner que graduellement et qui a nécessité des dépenses extraordinaires, qui ont absorbé leur fortune patrimoniale. »

« *Après avoir obtenu des résultats satisfaisants et être arrivés par une persévérance véritablement étonnante à former une branche d'industrie qui devait faire époque dans le commerce français et assurer leur fortune*, ils se sont trouvés arrêtés dans leurs travaux par le défaut de moyens ; ils ont cru trouver des ressources dans des emprunts ruineux, dans des consignations de marchandises profitables aux consignataires et très-onéreuses au fabricant, enfin dans diverses opérations mal combinées que les circonstances ont contribué à rendre constamment onéreuses, de sorte qu'après avoir péniblement lutté plusieurs années pour retirer de cet établissement tous les avantages qu'ils se promettaient, après avoir dévoré des sommes en escompte, en négociations forcées et en intérêts usuraires, ils ont détruit leur crédit et absorbé les sommes énormes dont ils restent aujourd'hui débiteurs, ainsi que tous les bénéfices qu'ils ont pu faire.

Dans l'état déplorable où ils se trouvent, ils ont réuni leurs créanciers et leur ont soumis leur bilan, dont voici le résultat. »

(Suivent les détails du bilan et les articles du traité).

Paris, le 7 Janvier 1819.

MINISTÈRE
des Finances.

DIVISION
de
L'AGENCE.

L'AGENT JUDICIAIRE DU TRÉSOR ROYAL,

Chevalier de l'Ordre Royal de la Légion-d'Honneur,

A Monsieur Caudron fils, avoué à Cambray.

« M. Desrousseaux (1), avoué du trésor royal à Lille ; vient de m'adresser, Monsieur, une copie de la lettre que vous lui avez

(1) M. Desrousseaux, Avoué à Lille, était parent du regretté doyen de ce nom, que la paroisse Saint-Géry de Cambrai vient de perdre, et dont la mort récente et inopinée laisse un deuil profond dans toute la ville (24 mars 1876).

écrite le 15 décembre dernier, relativement à l'affaire du sieur Palfrêne.

Vous annoncez que la collocation du trésor a été rejettée de l'ordre par le motif qu'il n'avait aucun privilège et était primé par des créanciers antérieurement inscrits, et vous demandez s'il y a lieu à contredire et quels sont les moyens que l'on peut présenter à l'appui du contredit.

Le motif de rejet relatif au privilège, joint à la considération que le Trésor non privilégié ne pourrait pas venir en ordre utile, rendent toute procédure désormais superflue.

Je vous invite en conséquence, à vous dispenser de contredire et à laisser au tribunal le soin de juger ce que de droit.

J'ai l'honneur de vous saluer avec considération,

» (Signé) DELAN. »

Les pièces qu'on vient de lire font partie d'un dossier que nous avons formé sur le *commerce et l'industrie à Cambrai*, et qui contient de précieux renseignemnts sur la fabrication des célèbres *toiles de Cambrai*, connues aussi dans le monde entier, sous les noms de *Batiste, cambresine*, etc.; sur les *tapisseries de haute-lice* et autres branches de commerce.

XXI.

LA SEIGNEURIE DES INDIVIS.

Il existait en dehors des portes de Cambrai, *deux seigneuries des Indivis*, l'une entre la porte de Saint-Sépulcre et celle de Cantimpré, l'autre à la porte de Selles vers la Neuville Saint-Rémy. « Les archives métropolitaines possédaient un escript de l'arche-

» vesque de Cambray imp¹ des lettres de maintenue allencontre
» des bailly et gens de justice de la *seigneurie des Indivis en la*
» *Neuville Saint-Rémy*, pour monstrer qu'il at droit de faire
» débarber (1) la rivière (2). »

Des conflits de juridiction s'élevèrent à plusieurs époques à
propos de ces seigneuries. Avant de dire dans quelles circonstances eut lieu le premier de ces conflits, nous ferons connaître ce
qu'était la *seigneurie des Indivis de la porte Saint-Sépulcre* : elle
consistait en un droit de plantis sur une grande étendue de terrain
en dehors de la porte Saint-Sépulcre et de la porte Cantimpré,
vers le terroir de Proville, avec haute et moyenne justice. Elle
appartenait indivisément à l'archevêque de Cambrai et au chapitre
de Saint-Géry.

La collégiale de ce nom, sur la *montagne de Saint-Géry*,
anciennement appelée le *mont des Bœufs*, possédait un grand
jardin, dont une partie notable fut incorporée aux remparts de la
ville en 1415, ce qui occasionna de graves contestations entre les
chanoines et les habitants. L'affaire prit un tel caractère de
gravité, que les chanoines durent se réfugier à Lille, jusqu'au
moment où l'évêque de Cambrai, Jean de Grave ou de Lens,
parvint, avec l'aide du duc de Bourgogne et du comte de Hainaut
à régler le différend par un concordat en date du 11 juillet 1416.

Dans le « *volume premier* » de ses chroniques, Enguerrand de
Monstrelet consacre à cet événement le CXLIIII chapitre intitulé :
« comment les chanoynes de Sainct-Géry à Cambray, eurent
» grand discord aux habitans de la ville, et de la guerre que leur
» feit le duc de Bourgongne à ceste cause (3). »

Comme il est question dans le concordat du 11 juillet 1416, du
Plat-Farnières, nous n'hésitons pas à donner ici le passage qui le
concerne, et à le faire précéder du préambule, dont l'intérêt
historique est incontestable (4).

(1) Nettoyer.
(2) Inventaire des titres de l'archevêché, manuscrit in-folio de notre cabinet.
(3) Édition de Pierre l'Huillier — Paris, 1572, f° 219, r°.
(4) Manuscrit N° 9.

« Jean par la grâce de Dieu évesque de Cambray et comte du
» Cambrésis; doyen et chapitre de l'église Saint-Géry en Cambray,
» Le prévost d'icelle église étant abtent ; prévost , échevins,
» quattre hommes et receveur de la dite ville et cité de Cambray,
» ayant le gouvernement et administration d'icelle ville et cité,
» par commission et institution de révérend père en Dieu Monsei-
» gneur l'évesque de Cambrai Notre Seigneur. A tous ceux qui
» ces présentes verront, salut. Comme plusieurs contens (affaires
» contentieuses) et questions et débats fussent meus et espères à
» mouvoir entre nous doyen, prévost , eschevins , quatre hommes
» et receveur de Cambray devant dits d'autre part, pour lesquels
» discors, questions et débats nous doyen et chapitre de Saint-
» Géry nous fussions trais par devers très-haut et très-puissant
» prinche, notre très-redouté seigneur, Monseigneur le duc de
» Bourgogne, comte de Flandres, notre gardien et *gavenier* des
» églises de Cambray (1), pour par luy estre maintenus et gardés
» en tous nos droits, gardés et défendus de toutes oppressions.

» Et nous prévost, eschevins, quattre hommes et receveur
» dessus dits, nous fussions trais par devers très-hault et puissant
» prinche nostre très-redouté Seigneur, Monseigneur de Haynault
» pour, par son bon moyen et aide, estre en la bonne grâce et
» amour de nostre très-redouté seigneur, Monseigneur le duc de
» Bourgogne, comte de Flandres, qui de sa grâce s'est par plu-
» sieurs fois, pour cette cause travaillé et par plusieurs fois
» envoyé par devers nostre dit très-redouté seigneur, Monseigneur
» le duc de Bourgogne comte de Flandres.

» Et nous évesque de Cambrai, dessus dit désirans nos subjets
» prevost, échevins, et les habitants de nostre ville de Cambray
» et les doyen et chapitre de Saint - Géry d'icelle ville, nos

(1) Monstrelet dit, à propos du *Gavenier* : « Lequel Duc de Bourgogne , à
» cause de sa comté de Flandres et *garde* de toutes les églises de Cambray, héri-
» tablement et à tousjours , *Et pour la dicte garde* , prend chacun an pardura-
» blement certaine quantité de grains sur les terres et seigneuries desdites
» Églises ou Pays de Cambresis : *et se nomme icelle Seigneurie , appartenant
» au dit Comte de Flandres* , LE GAVÈNE DE CAMBRESIS. » — f° 219, r°.

» subjets, estre et demeurer paisiblement et en bonne amour
» de mon très-redouté seigneur, Monseigneur le duc de Bourgogne
» comte de Flandres, nous fussions, pour cette cause, trais par
» plusieurs fois par devers mondit très-redouté seigneur, Mon-
» seigneur le duc de Bourgogne comte de Flandres, et finablement
» tant a esté que pour nous appointier, accorder et ordonner
» selon raison, ont esté envoyez en cette ville de Cambray, de par
» nostre dit très-redouté seigneur, Monseigneur le duc de
» Bourgogne, comte de Flandres, quattres, c'est à sçavoir;
» maitre Raoul Lemaire, prévost à Saint-Donat à Bruges; messire
» Hugue de Lannoy, gouverneur de ville; messire Marcq de
» Foras, archidiacre de Tierrasse, en l'église de Laon, et maistre
» Jean de Rasinghem chanoine de Cambray, conseillers du dit
» seigneur.

» Et de par nostre très-redouté seigneur, monseigneur le comte
» de Haynault, deux ses conseillers, c'est à sçavoir : Me Guillaume
» Delsars prevost, du Quesnoy, et Me Jean de Binchs; et deux de
» par révérend père en Dieu Monseigneur l'évesque de Cambray,
» c'est à sçavoir: Messire Robert Aubinet et Me Adam Villart
» licentiez en drois; lesquels wit, venus en la ville et cité de
» Cambray ont oy ce que nous, parties dessus dites, avons voulu
» dire les uns contre les autres; ont veu, a l'œul, ce que espé-
» dient et nécessaire estoit de voir ; ont ouy plusieurs tesmoings
» et veu plusieurs lettres pour nous parties dessus dites : après
» lesquelles choses nous ont induit amiablement et remontré
» très-doucement plusieurs causes et raisons par lesquelles nous
» estoit expédient, honorable et très-prouffitable, à nous parties
» dessus dites, de nous amiablement accorder, et avecq ce Monsei-
» gneur révérendissime père en Dieu l'évesque de Cambray. Nostre
» seigneur nous en at ensemblement requis et authorisé en tout,
» et son autorité est et peut être prouffitable.

» Sçavoir faisons que en considérant le bien qui vient de
» paix nous sommes descendus à traitte et accord, selon la forme
» d'une cédule à nous montrée par ledit révérend père en Dieu et

» huit commissaires devant nommés, de laquelle la teneure
» s'ensuit :

 » Les questions et débats meus et espères à mouvoir entre les
» doyen et chapitre de Saint-Géry de Cambray d'une part, et
» les Prevost, Eschevins, quattre hommes et receveur d'icelle ville
» comme dessus est dit, fineront et cesseront de tous points, par la
» manière qui s'ensuit...
....

 » Item, est accordé que la haulte et moyenne justice de Far-
» nières et de Noeufville seront et demeureront perpetuellement
» et à toujours communes en toutes choses à Monseigneur
» l'évesque de Cambrai, et aux doyen et chapitre de Saint-Géry
» et ne le pourront en autruy main transporter ; arront bailly
» commun qu'ils mettront à leur plaisir et de commun consente-
» ment lequel bailly jugera conjugera, et fera ce que à son
» office appartiendra par les eschevins du dit Monseigneur
» l'évesque et les hommes des dits de Saint-Géry ensemble. Et la
» basse justice et foncière desdits lieux demenra perpétuellement
» et à toujours à ceux de Saint-Géry qui la feront gouverner par
» leur maire et eschevins. Et seront et demeuront les moulins de
» Farnières appartenant à ceux de Saint-Géry, aussi frans de
» moulage comme ils ont esté accoustumé, et y poiront aller
» molre tous ceux qui ont accoutumé de y aller en la forme de
» manière qn'il est accoutumé, et ne poiront les dits prevost,
» eschevins, quattre hommes et receveur, faire ne mettre empes-
» chement au contraire...

 » Ce fut fait en l'an de grâce mil quatre cent seize, le onzième
» jour de juillet. »

Le 7 février 1657, Messieurs de Saint-Géry obtinrent des lettres-
patentes touchant la juridiction du *Plat-Farnières*. . . . . . .
Nous avons vu dans le concordat de 1416 de quelle manière
cette seigneurie devait être administrée par les gens de l'évêché et

ceux du chapitre de Saint-Géry. Un nouveau conflit s'étant élevé au siècle dernier entre les co-seigneurs, un arrangement amiable intervint le 28 mai 1718, et l'on rédigea l'acte suivant, au bas du plan qui fut dressé à cette époque (1).

« Nous soussigné Charles (2), par la grâce de Dieu archevêque duc de Cambray, pair de France, prince du Saint-Empire, comte du Cambresis, etc., aiant pris inspection de ce plan, représentant les *Indivis*, situés aux faubourgs de Cambray, entre la porte de Saint-Sépulcre et celle de Cantimpret, et dont la haute et moyenne justice, nous appartient à cause de notre archevêché, avec Messieurs du chapitre de l'église collégiale de Saint-Géry, en cette ville, reconnaissons que ce plan est exact dans tout son contenu; qu'à cause des dites justices nous avons, avec les dits seigneurs de Saint-Géry, indivisiblement et également droit de planti dans tous les chemins flégards et autres des *Indivis*, où les plantis seigneuriaux ont lieu et que tous les arbres qui y existent actuellement nous appartiennent et aux sieurs de Saint-Géry, aussi également et indivisiblement, laquelle déclaration a été acceptée, de la part du chapitre de Saint-Géry, par le sieur Théodore Lamelin, de Sainte-Olle, chanoine et Sindic de ce chapitre.

» Fait à Cambray sous notre signature et celle dudit sieur sindic, le vingt huit de may, mil sept cent quarante huit, Signé: ✝, Charles, archevêque, duc de Cambray, et Lamelin de Sainte-Olle. »

Nous avons réservé pour le chapitre concernant l'*allée de Fénelon*, la description du plantis de la seigneurie des *Indivis*.

(1) Communication de M. l'abbé Dehaisnes, archiviste du département du Nord.
(2) Charles de Saint-Albin, XVIᵉ archevêque de Cambrai.

XXII.

LE MOULIN DU PLAT - FARNIÈRES.

Le moulin du Plat-Farnières, assis au midi de l'*île Saint-Gilles*, existe de temps immémorial. C'était un fief appartenant au chapitre de Saint-Géry. Il en est fait mention dans la charte de l'évêque Godefroy, de 1221, visant un titre antérieur émanant de son prédécesseur l'évêque Jean.

Pierre d'André, qui occupa le siége de Cambrai, de 1350 à 1368, fit un appointement avec le chapitre de Saint-Géry pour le moulin du Plat-Farnières.

Un livre du *comptoir de l'abbaye de Saint-Sépulcre* (1) *contient le règlement de la mosnée de* 1488 : « *c'est l'office de sergeant de le mônée du Bailly de Cambrésis.* » Nous en extrayons les passages concernant le *Plat-Farnières*.

Ce règlement nous fait connaître l'importance qu'avaient les moulins à l'eau des environs de Cambrai, par le nombre de chevaux qu'il leur permettait d'avoir : « Les moulins hors de Cambray ont certains nombre de chevaux dedans Cambray, c'est à scavoir : Proville quatre chevaux, *Farnières deux chevaux*, Cantigneul un cheval, et Cantimpret un cheval, lequel nombre leur fut en temps passé accordé gratieusement par les Évesques de Cambray. »

Les moulins de Selles, protégés par le château de Selles auprès duquel ils sont bâtis, pouvaient en tout temps alimenter la population de Cambrai, tandis que les moulins de la banlieue étaient exposés à avoir leurs meules brisées en temps de guerre. Il n'est donc pas étonnant que dans de pareilles conditions, les moulins de Selles aient joui de priviléges exceptionnels, au détriment des

_____

(1) « Livre intitulé *le Rouge*, où sont contenus plusieurs émoluments de la ditte abbaye. » — Manuscrit N° 9.

autres. *Le règlement de la mosnée* établissait des circonscriptions différentes pour la perception des droits de mouture, dus aux dits moulins de Selles. On les désignait par le *destroit* et le *large*. (1) Ceux du destroit étaient obligés de faire moudre leur blé aux moulins de Selles, à l'exclusion de tous autres ; ceux du large pouvaient aller faire moudre où ils voulaient, à l'exception cependant de « cheux qui vendent paste cuyte, si comme fournières, boulangiers, pastissiers, cabaresteurs, oublieurs (fabricants d'oublis), faiseurs de tartes, etc.

« *Au moulin de Farnières* doibt avoir deux ventailles courans *à vent et à yauve*, ou trois moulins moulans et sans fraude, car il y at une estacque en leauve en lesquelles a deux quevilles de fer, une haulte et une basse, lesquelles estacques y ont esté mises en temps passé par appointement fait entre feu de bonne mémoire l'évesque Pierre Andrieu, et capilte de Saint-Géry, par certaines conditions. »

« Et si défaut y avoit les sergeans de le mosnée debvoient buquer de leur verge à l'hui du moulin, que si le mosnier y fût ou n'y fût pas, et dire à haulte voix : mosnier tire de l'eau. »

« Item se le monnier de Prouville ou ceux à qui le dit moulin scroit et pareillement du *moulin de Farnières*, se moulin y avoit ne peut ou ne peuvent faire en bachinaige manière ou coffre sans faire scavoir au Bailli. »

« Pour obvier aux fraudes qu'on pourroit faire sur le faict de le dite mosnée sont ordonné (créé) deux sergeants nommez les sergeants de le monée. »

« Etem..... et que celui qui « n'avait point payé le mieulture, les dits sergeants luy doivent faire payer, et se ils sen veuillent aller sans payer, doivent et peuvent arrester au dehors de l'hui du moulin et seller le sacq. »

(1) Voyez Bouly, — *Dict. de l'Hist. de Cambrai.*

Nous avons retrouvé un sceau du XIIIe siècle ayant servi à *sceller les sacs du chapitre* cathédral de Cambrai, au sujet duquel nous nous permettrons une courte digression.

Ce sceau est au type des *coquibus*, petites monnaies de billon frappées par le chapitre, et les évêques Gui de Collemède et Philippe de Marigny (de 1296 à 1309), dont nous possédons plusieurs spécimens, et que M. Ch. Robert fait connaître dans son important travail sur la numismatique de Cambrai (1).

Notre sceau porte pour légende :

$$\star \; s' \; \ast \; capli \; \ast \; problado.$$

Dans le champ une aigle éployée regardant à dextre. L'inscription a ceci de remarquable, que la lettre L, du mot capli, porte un trèfle à l'extrémité de la liaison, particularité que M. Robert signale (page 96) à propos d'un double tiers de gros de l'évêque de Mirepoix, successeur de Philippe de Marigny (de 1309 à 1324), que nous possédons. L'artiste qui exécuta la planche ci-dessus n'a pas fait ressortir ce détail.

Tout porte à croire que le graveur de la monnaie épiscopale exécuta le sceau du chapitre. M. Robert nous apprend que les maîtres de la monnaie de Cambrai, à cette époque, étaient Jean de Vinez, bourgeois de Valenciennes, et Frankine de Pistoire, maître de la monnaie de Valenciennes (2).

(1) Pages 86 et 195, pl. VII, fig. 1 et pl. XXVIII, fig. 3
(2) Robert. — Num. de Cambrai, — pièces justificatives : « Chest li lettre de le *monnoie de Cambrai* » du 2 juin 1312, p. 322.

« En 1490 , un concordat est intervenu entre Henri de Bergles, évêque de Cambrai , et Messieurs les chanoines de Saint-Géry, pour le *moulin Farnières.* »

« Des protestations furent adressées , par l'archevêque de Cambrai , à Messieurs du Magistrat , pour avoir empris sur la juridiction de Sa Seigneurie Illustrissime , par la visite qu'ils ont faite au *moulin du Plat* et à la rivière de l'Escaut. »

Le droit de pêche dans l'Escaut , plusieurs fois contesté entre les chanoines de Saint-Géry et les religieux de Saint Sépulcre, donna plusieurs fois aussi l'occasion d'une intervention épiscopale. Au XIᵉ siècle, l'évêque Gérard II servit de médiateur entre les parties.

A la suite de nouveaux accords intervenus plus tard, ce droit de pêche fut définitivement acquis à l'archevêque de Cambrai.

Si les inondations qui ravagèrent souvent Cambrai et ses environs engagèrent les Etats du Cambrésis à entreprendre de grands travaux sur les différents lits de l'Escaut , afin de combattre ces désastres et en éviter le retour, d'autre part la dévastation de tout le pays et les incendies allumés par les guerres incessantes que sa position de frontière lui amenaient, ne furent pas pour peu de chose dans la décision suprême que prirent les chefs du gouvernement de la province de mettre en sûreté les moulins de la ville et d'en augmenter le nombre. L'année 1543 fut surtout funeste. Au moment où Charles-Quint assiégeait Landrecies, l'armée française ravagea tous les pays circonvoisins « et icy à » Cambray, cassa les meules du moulin de Cantigneul, *scia* » *l'arbre du Moulin de Plat-Farnière*, et brûla le moulin et bou- » cherie de Cantimprez pour empêcher les Cambrésiens de fournir » des vivres à l'armée de l'Empereur (1). »

(1) *Mémoires chronologiques de l'histoire de Cambrai* , de 1439 à 1753. — Manuscrit de notre cabinet, publié en partie par M. Bouly.

Il fallait donc à tout prix éviter de nouvelles calamités et parer aux éventualités d'une famine. Une réunion d'ingénieurs eut lieu à Cambrai à cet effet, vers la deuxième moitié du XVIe siècle. Les « engengnyeurs » de l'empereur Charles-Quint, de la régente, du roi d'Espagne, Philippe II et du comte de Ponthus de Lalaing (1) y rejoignirent ceux des villes voisines et firent la « visitation » de l'Escaut. Ils donnèrent « leur avis à la requeste de Messieurs de la ville... à raison de la grande nécessité que les habitants de ceste cité avaient durant la guerre dernière, tant à cause des sauldars et habitants des villages estans pour lors en Cambray, ad cause de che convenoit à Messieurs de la ville faire moudre tous les munitions les molins des villes voisines, que d'ailleurs pareillement les habitants et aultres gens résidans en ceste ditte cité à raison que les mollins de le ville n'y pevent furnir quy tournoit au grand domaige, despens et intérest de la ville et des dits habitans... et sans les farines venant journellement d'Arthois, les habitans de ceste cité eussent eub grande nécessité, les dis engengnieurs ouvriers pour donner moyen ont donné leur advis comme il s'ensuilt :

« Devises faictes pour pouvoir mener la grande rivière depuis le Plat de Fargnier au travers de la ville et widant emprès le chastel de Selles desoubs le viel pont où sont les trois petittes gry de bois. »

« Et premiers convient abbatre les molins du Plat de Fargnier avec les Ventelleries, pour conduire la grande rivière par le fossé Jean Quentin ou environ venant droit allentrée de la rivière du Glay du costé de Fiabre et de celle dudit Glay de XXX ou XL pieds selon que l'œuvre le requiert. »

« Item, convient faire à ladite entrée deux vaussures de cent

_____

(1) Sur *Ponthus de Lalain, sire de Bugnicourt, gouverneur de Cambrai,* voir le tome IX du bulletin de la Commission historique du Nord, page 856.

pieds de long ou environ, de douze pieds de large ou plus se
besoing est, et au dessignistive des dittes vaussures se fera *une
ventellerie forte et puissante, pour soustenir les cauwes de la rivière,
pour les faire enfeler jusques audit Plat et repandre au maret et es
fossés dehors le ville*, laquelle sera enfermée de quelque ma-
zure (1). »

« Nota que la distance depuis ces molins de Proville jusques
celui du Plat Farnier, est de trois milz trois cent cinquante pied ou
environ — 3,350. »

« Plat — Ventelles du costé dudit Molin du plat doibvent
estre reiglez après le nivel de la grande sceuyez (ou sceuillière ou
sceuwière). »

« La grande et vieille sceuyer du Plat qui selon le reiglement
de l'an 1566 doibvent avoir quattre piedz cincq pouces et aupara-
vent estoient de cincq piedz cincq pouces. »

« Nota que ladite grande sceuyer n'est présentement de service
à raison que c'est l'eaue qui fait tourner le clicoteau (2) »

L'intéressant travail de M. A. Durieux, où nous avons puisé
ces citations, est accompagné de deux plans avec légende. *Le
Moulin du Plat* figure à la deuxième planche, sous le N° 7 (3).

On trouve dans le poëme des troubles de Cambrai, dont nous

(1) En 1793, les Autrichiens étant sous les murs de Cambrai, on inonda les
abords de la place et le moulin du plat cessa de tourner depuis le 8 août jusqu'au
3 septembre.
M. Lecluselle, propriétaire actuel de cette usine, la vit également envahir
par les eaux, lors de l'investissement partiel de Cambrai, durant la guerre
contre la Prusse, en 1870.
(2) Moulin situé à Cambrai.
(3) Mémoires de la société d'Émulation de Cambrai, t. XXXII, Ire partie,
p. 229 et suivantes.

avons déjà parlé, les imprécations suivantes à l'adresse de Bauduin de Gavre baron d'Inchy :

> « .... *En la Platte-Farnière* ,
> Puissiez mourir, ou au *Flot de Cayère* (1)
> Meschant larron, ravageur, assassin ,
> Dringuant, tyran et second Maraffin (2)
> Tel est ton tiltre, indigne à la MAISON
> DE GAVRE , pleine de bruit et de renom. » (3)

A cette époque la misère était si grande, que le peuple mourait littéralement de faim : « Ainsi le pain manqua bientôt tout à fait, » et il y avait une si grande disette de viande et de sel dans la » ville, que l'on y mangeait les chevaux, les chats et les rats (4), » ce qui fit dire à notre poëte :

> ......Estes réduicts, au lieu de chair de veaulx
> Faire pastez soit d'asne ou de chevaux ,
> Sans bled , avoine , aussi sans campenaige ,
> Ni aultre bien , resentant le carnaige ,
> Sans bois , sans sel , et tantost sans moulin
> Estant bruslé celuy du *Mont-Farin* (5)
> Soyé (scié) celuy de la *Plàtte-Farnière*
> Et empesché le cours de la rivière. (6) »

Il y aurait encore des choses assez importantes à publier sur le moulin Farnières ; il en sera plusieurs fois fait mention aux pièces justificatives. Nous en avons dit asssez, pensons-nous, pour le faire amplement connaître.

(1) Le *Flot de Cayère* séparait la Grand'Place de la place au Bois. Il a été remplacé par le pâté de maison compris entre la *rue de l'Ange* et la rue des Trois-Pigeons. Nous avons retrouvé un acte de vente, en parchemin, du Flot de Cayère , daté de 1581.

(2) Lieutenant de Louis XI , Maraffin commit à Cambrai toute espèce de brigandages.

(3) Page 11 du manuscrit.

(4) *Mémoires chronologiques.* — Manuscrit fo 80, ro.

(5) Situé à Neuville , près Cambrai.

(6) *Les Troubles de Cambray au XVIe siècle.* — Manuscrit fo 105.

Les siècles qui ont passé sur ce petit monument rustique en lui infligeant les injures du temps et des événements, n'ont fait que lui donner un intérêt de plus.

On se surprend parfois à s'arrêter pour admirer le pur cristal de sa chute d'eau artificielle, tumultueuse et monotone, et l'on se plaît à suivre des yeux ce fleuve dont l'eau tournoyante reprend bientôt, avec sa teinte verdâtre, son calme et sa sérénité, pour continuer sa course majestueuse et lente vers la mer du Nord :

> Totque claras urbes lambens
> Gravius thetidem intras (1).

Par son site pittoresque et les souvenirs qu'il rappelle, le *Moulin du Plat Farnières* restera toujours l'un des plus agréables ornements de l'*Allée de Fénelon*.

XXIII.

LA MAISON DE LE GALLE.

Nous nous sommes souvent demandé où était située cette *propriété de le Galle*, citée dans de vieux titres, et dont les eaux rendirent quelques services « *aux fossés de la forteresse de le cité de Cambray.* »

L'un de nos manuscrits nous apprend qu'elle était *séant en le banlieue hors la porte de Cantimpré, tenant à l'héritage de Grade-Gambe, d'une part, et au chemin, rue et Wareschais, d'autre part.* »

Les actes capitulaires de Sainte-Croix citent la *maison ou château de le Galle ou Walle*, appartenant au chapitre de Sainte-

---

(1) Fin de l'inscription gravée sur le roc, aux *sources de l'Escaut*, et attribuée aux religieux de l'abbaye du Mont-Saint-Martin.

Croix , et situé en dehors de la porte de Cantimpré... « *Domum*
» *nuncupatum le Galle..... extra portam lapideam* (1), *a sinistra*
» *parte, sicut itur ad Cantimpratum videlicet in vico de Grate-*
» *Gambe.* »

Une charte de la cathédrale de Cambrai du 21 octobre 1418,
cite « une maison et héritage que les dits capitle avoient séans
au dehors de la porte de Cantimpré , au lieu que on dist *Grate-*
Gambe (2). »

Nous trouvons dans un mémoire à consulter pour le Magistrat
de Cambrai , une pièce fort intéressante concernant cette maison
de le Galle (3). Le 12 octobre 1411, les chanoines de Sainte-Croix,
« pour le bien, proufit et utilité évidemment apparent d'yaulx et
de leur ditte église, et aussi pour le bien, proufit, tuition et
scureté de le forteresse de le ditte cité, en lequelle icelle église
yaulx et leurs personnes étoient et sont inclus et comprins comme
et pareillement que les autres habitants d'icelle cité et adfin de a
plus grand aise ou tenir avenir, réparer et mettre apoint les fossés
deldite forteresse qui sont mouvant depuis l'entrée du cours du
grand Escaut en venant jusqu'à le porte del Pierre, lesquels
fossés à ce jour estoient moulte assentis, remplis et empirés par
les grands clavasses d'yaulx , qui en iceux des temps passés sont
survenues, lesquelles réparations bonnement ne se pouvaient , ne
peuvent faire sans le dangier d'aucun héritage dont chy après
sera fait mention, et aussi pour ôter toute altercation, noises et
prochès, qui en cette occasion naître et engendrer se pourraient
ou tenir avenir entre eux . . . . ils donnoient et
octroient à rente annuelle et perpétuelle aux quatre hommes,
gouverneurs et administrateurs des héritages , catheux et bien
communeux de le cité de Cambray (4). . . . .

(1) On nommait aussi la porte Cantimpré : *la Porte de Pierre*.
(2) Le Glay — *Glossaire topographique*.
(3) Pièces justificatives N° 31 bis , page 38 et suivantes.
(4) Les quatre hommes composaient alors ce que nous nommons aujourd'hui
commission des travaux ou des finances , et peut-être les deux réunies. (Bouly.)

« Tout le droit, raison, action et propriété de l'héritage que eux, à cause de leur dite église avoient et pouvoient avoir en touttes les chengles et écluses, étantes entre les bords des fossés del ditte forteresse et le pret de le maison de le Galle appartenant à la ditte église Sainte-Croix, et aussi entre un petit cours d'yaulx yssant de le ditte maison de le Galle, et qui s'en vient passer par-dessous le pont-levis de l'avant-porte del Pierre devant ditte, icelles chengles ou écluses mouvant sur le longueur depuis le frette, faisant le bord du grand Escaut au lez vers le tour des grands arquets, en venant du long à ligne sur le bord d'un petit fossé qui fait entre deux et séparation des dittes chengles, et les *prets del ditte maison de le Galle; lequel fossé est de le ditte maison de le Galle*, et du tout sur héritage del ditte église Sainte-Croix, jusqu'à un tournant par où le *petit cours d'yaulx, devant dit, yssit de le ditte maison de le Galle . . . . .* moyennant le prix et somme de soixante sols parisis, en tel monnoie que communément courre, à pain, et à char, et a vin en le ditte cité. : . . . . et moyennant ce, les dits seigneurs de Sainte-Croix pour eux et leurs successeurs canonnes d'icelle église, promirent et eurent en couvent leallement et en bonne foi que jamais ne planteront, feront, ne souffront planter halots ne autres bos quelconques sur les frettes du dit fossé qui fait séparation de leur *pret du dit lieu de le Galle* et les dits chengles par eux arrentés, ou gens se puissent se coofer, ne muchier, qui puisse bailler occupation ou empéchement a le ditte forteresse del ville, en telle manière que se eux ou leurs successeurs le faisoient, eux premiers sommés de le oster huit jours après le ditte sommation, lesquels quatre hommes ou leurs successeurs ou nom de le ville le pouroient faire coper et abatre, en laissant le coppe sur le lieu au profit del ditte église, toutes fois et quantes fois que le cas advenroit. A toutes ces coses . . . . . furent présens et appellés comme esquevins del ditte cité et cambre de paix de Cambray, Nicaise May et Pierre Pail. Ce fut fait ou capitre del ditte église Sainte-Croix, le XIIᵉ jour du mois d'octobre l'an de grace mil quatre cent et onze.

Il est encore fait mention du *chemin de le Galle* dans le registre aux ordonnances touchant les quatre hommes au XVIe siècle (1), à propos d'un marché passé pour le « relargissement du fossé de la porte Cantimpré, par dehors de la ville et dehors des arquets, depuis le pont qui est fait nouveau contre les dits arquets, et allant vers le tour Caudry (du Caudron ou Chaudron) jusqu'au boult de fosset thirant vers le *chemin de le Galle.*» Cet acte porte la date du 12 décembre 1552.

La maison de *Grate-Gambe* ne fut pas plus épargnée que les autres, abattues et ruinées par le baron d'Inchy, en 1581.

> L'un regrettant de veoir *Mon garny*
> Tirer bas et le meisme à Marly, (2)
> L'aultre *aux maretz gaster son Grate Gambes*
> Qu'avoit basti et de bras et de jambes
> Forvy, cousin (3) (4)

La maison de le Galle était du nombre des habitations qui firent place à celles que nous avons connues, il y a une quarantaine d'années, à l'entrée du marais de Cantimpré, et que l'on désignait alors sous le nom de blanchisserie Solau, transformée plus tard en fabrique de sucre, et servant aujourd'hui d'usine à chicorée et de magasin à MM. Ramette et Duroyon, entrepreneurs de bâtiments à Cambrai, propriétaires actuels dudit terrain.

---

(1) M. Durieux. — *La Tour des Arquets.*— Mémoire de la société d'Émulation, t. XXIX (1867), page 91.

(2) Vers la porte de Selles.

(3) Cousin de Robert de Forvy, prévôt du chapitre de Cambrai, de 1562 à 1587.

(4) *Les Troubles de Cambray au XVIe siècle.* — Manuscrit fo 132.

XXIV.

L'ALLÉE DE FÉNELON.

Nous avons dit que l'*allée de Fénelon* commençait au *moulin du Plat* et aboutissait, par l'Escaut, au *canal de Saint-Quentin*... Il ne faudrait pas s'imaginer que cette promenade fût, du temps de l'illustre prélat, limitée comme elle l'est de nos jours ; elle se prolongeait au contraire bien au delà, ou, pour mieux dire, cette allée n'était que le commencement des promenades de Fénelon.

A cette époque, le palais archiépiscopal de Çambrai s'élevait auprès de l'ancienne église métropolitaine qui disparut en 1793, et confinait à l'Escaut, par l'extrémité de ses jardins.

L'emplacement de la métropole reçut le nom de *place Fénelon*, et le palais, dont il ne reste plus que le portique en ruine, devint la cité des pauvres ! La porte de la ville la plus proche du palais, était celle de Cantimpré. Une fois arrivé là, on entrait à quelques centaines de pas plus loin, dans le *chemin du Magistrat* depuis nommé *allée de Fénelon*. On doit savoir gré à nos édiles, d'avoir su, par un sentiment de haute convenance, renoncer à l'honneur de conserver à ce chemin, l'ancien nom de leur corps échevinal, et de lui préférer celui du grand archevêque de Cambrai, en souvenir des lieux qui ont eu le rare privilége d'attirer souvent ses pas, de captiver ses regards, et de charmer, en l'inspirant, sa muse harmonieuse et poétique.

On vivait beaucoup plus simplement de son temps qu'à notre époque, surtout dans les campagnes où les mœurs populaires étaient plus primitives, plus saines, plus austères, et partant les forces de l'homme plus viriles. Alors l'industrie qui s'étend aujourd'hui partout, était inconnue dans la banlieue de Cambrai, et l'on pouvait, sans passer deux fois par le même chemin, se promener une après midi tout entière, loin des bruits de la foule et des regards importuns, à l'ombre et à la fraîcheur.

Pour donner une idée des promenades que Fénelon pouvait faire dans des conditions si avantageuses pour la vie de contemplation et d'étude qu'il menait, nous avons réservé, pour ce chapitre, la description de l'étendue de la *seigneurie des Indivis*, dont nous avons parlé précédemment, et qui était commune entre l'archevêque de Cambrai et le chapitre de Saint-Géry.

La dite seigneurie commençait à la *place du Plat-Farnières*, s'étendait par la route de Proville jusqu'au terroir du village de ce nom, et comprenait dans cette direction, tous les arbres des terrains de la *fontaine de Saint-Benoît* et ceux de la *fontaine Jean-Rasse*, jusqu'à la *Cense du Crocq*. Le plantis de la rive gauche de l'Escaut lui appartenait également, jusqu'au *moulin du Plat;* et de là suivait le *chemin du Magistrat*, ou *allée de Fénelon;* redescendait vers la *maison de campagne de l'abbaye de Saint-Sépulcre;* tournait bientôt à droite, et après quelques centaines de pas, redescendait de nouveau vers le terroir de Proville, par une longue avenue de saules, tirée en ligne droite, à peu près à l'endroit où l'on creusa depuis le *canal de Saint-Quentin*. L'avenue s'arrêtait au *chemin du moulin de Proville*, vers le lieu où le dit chemin aboutit actuellement au canal.

Ce *droit de plantis* qui existait aussi sur le bord des fossés, longeant le fond des grand jardins, situés entre l'Escaut et le *marais de Proville*, comprenait également le petit bois, au nord des dits jardins, lequel aboutissait à un autre bois plus important, planté sur cette rive gauche de l'Escaut, où le fleuve décrit une longue courbe, jusqu'à ce qu'il se rapproche du chemin près de la propriété des religieux du Saint-Sépulcre. De ce dernier point, au petit bois, dont nous venons de parler, le chemin était droit, de sorte que, la partie boisée, entre le chemin et le fleuve, avait une certaine importance, en tant que lieu solitaire et retiré.

Faisons encore remarquer que les chemins publics entourant la

maison de campagne de l'abbaye de Saint-Sépulcre, étaient
compris dans le *droit de plantis de la Seigneurie des Indivis.* Le
chemin longeant ladite propriété, du côté de la porte cochère
était surtout remarquable par sa largeur ; une triple rangée de
beaux arbres l'embellissait.

Comme on le voit, toutes ces plantations se reliaient entre
elles, et quoique ces terrains ne lui appartinssent pas en propre,
l'archevêque de Cambrai pouvait en quelque sorte s'y considérer
comme étant sur ses propriétés, et cela, avec d'autant plus de
raison qu'elles avaient fait partie du domaine de l'évêque, lequel
les avait libéralement données aux bourgeois de Cambrai,
en 1261.

La fontaine de Saint-Benoît, comprise dans cet ensemble de
promenades, avait alors ses rives primitives, et l'on ne s'y trouvait
pas arrêté dans une impasse comme on l'est aujourd'hui. Un
étroit sentier, couvert d'arbres fruitiers, bordé de fossés profonds
où l'eau sourceait partout, conduisait au contraire nos pas sur les
bords fleuris de l'Escaut, où l'on s'acheminait en côtoyant des
haies d'aubépine et de fusain, servant de clôtures à de spacieux
jardins, et l'on arrivait ainsi jusqu'au moulin de Proville, sous de
véritables arceaux de verdure et de fleurs, formés par des branches
d'arbres de diverses essences, croissant sur ces bords privilégiés.
Ceux qui ont pu, comme nous, faire souvent cette charmante
excursion, s'en rappelleront avec un bonheur mélangé de regrets,
car désormais ils ne verront plus ces longues guirlandes de
houblon et de pampres sauvages, de lierre et de chevrefeuille,
formant avec les troncs penchés des saules pleureurs, des obstacles inattendus, qui ajoutaient tant de charmes à cette riante
solitude.

Que de fois, nous en sommes convaincus, ne revoit-on pas par
la pensée, l'ombre de Fénelon parcourir ces lieux solitaires, y
peignant les tableaux vivants de sa muse inspirée ; ou bien assis
sur un arbre abattu, souriant de ce sourire qui lui était

particulier, relire les pages élégantes et poétiques de ses immortels ouvrages. En effet, la vue de cette belle et riche nature devait lui rappeler celle qui sut l'inspirer ailleurs, et qu'il décrivit avec un art charmant dont il avait seul le secret. C'est bien dans un site semblable qu'il vit « Telémaque dans ces bocages odoriférants, et » sur des gazons toujours renaissants et fleuris : mille petits » ruisseaux d'une onde pure arrosaient ces beaux lieux et y » faisaient sentir une délicieuse fraîcheur ; un nombre infini » d'oiseaux faisaient résonner ces bocages de leur doux chant. » On voyait tout ensemble les fleurs qui naissent sous les pas, » avec les plus riches fruits de l'automne qui pendaient des » arbres (1). »

Mais Fénelon n'a point seulement revu dans ces lieux « les héros d'Homère, peuplant de divinités païennes les grottes et les campagnes de la Grèce. » Son âme grande et belle s'élevait surtout vers le Dieu qu'il aimait et savait faire aimer :

> Rendez au Créateur ce que l'on doit lui rendre.

dit Fénelon dans ses *conseils de la sagesse*, véritable code de l'honnête homme qui, ferait retrouver les douceurs de l'âge d'or, si l'on avait assez de vertu pour mettre ces conseils en pratique.

Les églises de nos villes comme celles de nos campagnes retentissent encore des chants sacrés qu'il écrivit pour le peuple et que celui-ci redit tous les jours sans se douter de leur noble origine. Nous possédons un *recueil de cantiques à l'usage des missions, retraites et catéchisme, pour le diocèse de Cambrai* (2), dans lequel il se trouve deux chants composés par l'illustre archevêque.

(1) Livre X.

(2) Cambrai, imp Samuel Berthoud, imp. du Roi et de S. Exc. Mgr l'Archevêque, 1778, in-12 de 220 pages, devenu rare.

La strophe suivante nous le fait voir, s'arrêtant à l'aspect d'une église (1) :

> Je t'aperçois, asile redoutable
> Où l'Éternel descend de sa grandeur
> Temple adorable
> Du Rédempteur,
> Si dans tes murs il voile sa splendeur,
> Ce Dieu d'amour n'en est que plus aimable.

Ce cantique a dix strophes ; la première commence par ce vers :

> Mon Bien aimé ne paraît pas encore

L'autre cantique a pour titre : La *passion de Jésus-Christ*. Il contient autant de strophes qu'il y a de personnages à la cène ; c'est-à-dire treize, nombre parfaitement choisi par un tel sujet. Une strophe de plus et ce cantique aurait pu servir à l'usage de nos chemins de croix qui se composent, on le sait, de quatorze stations.

Le premier vers de ce second cantique commence ainsi :

> Au sang qu'un Dieu va répandre

Ces cantiques figurent dans presque tous les recueils de ce genre, et quelquefois même, avec la musique et l'accompagnement.

Notre excursion terminée nous ramène à l'*allée de Fénelon* et pour recommencer à en parler, disons qu'en y entrant, du côté du canal, on y aperçoit immédiatement, à droite, la vaste propriété de l'abbaye de Saint-Sépulcre, dont le jardin immense, tracé au milieu, avait la forme et les dimensions de la chapelle de l'abbaye

---

(1) Certains éditeurs pensent que Fénelon composa ces cantiques à l'époque où il fit partie de la maison de Saint-Sulpice. Ils semblent en contester l'origine. Moins réservé à Cambrai, notre éditeur de cantiques n'a pas craint, en 1778, de dire dans son avertissement qu'ils sont de ce prélat.

de ce nom, qui devint la métropole actuelle de Cambrai, dans laquelle on érigea en 1823, à la mémoire de Fénelon, un magnifique monument funèbre en marbre blanc, dû au ciseau du célèbre statuaire David d'Angers.

Cet hommage public, rendu au grand archevêque, a-t-il suffisamment rempli le but qu'on se proposait, et ne laisse-t-il rien à désirer aux yeux des étrangers comme à ceux des Cambrésiens eux-mêmes? On nous permettra de répondre négativement.

Il y a quelques années, le plus haut dignitaire dans l'ordre judiciaire du ressort de la cour d'appel de Douai, venait visiter pour la première fois notre digne et vénéré cardinal. Pour la première fois aussi, il venait à Cambrai où il se faisait une fête d'y voir par lui-même quels hommages publics on avait rendus à la mémoire de Fénelon. M. N*** parcourt la cité en tous sens; il va de places en places, de jardins en jardins, interroge tous les endroits qui peuvent lui rappeler le nom de Fénelon; il ne le trouve écrit que sur une plaque, indiquant la place où fut sa Métropole et au coin d'une rue où s'éleva jadis son palais! Il découvre cependant dans un coin de la Métropole, et relégué derrière le chœur, un mausolée superbe, élevé à la mémoire du Prélat charitable, qui nourrit les pauvres pendant une année de disette; qui reçut dans son palais, et soigna de ses propres mains, les malheureux soldats de Malplaquet, et qui, par un acte sublime de résignation chrétienne, sut se soumettre au décret du Vatican; mais le monument populaire, celui qui devait rappeler au monde entier l'homme illustre, le génie exceptionnel qui s'immortalisa par ses écrits et entoura le nom de Cambrai d'une auréole de gloire incomparable, ce monument manquait à la place principale ou aux jardins publics de la cité, et c'était une faute.

Ce fut dans cette circonstance que M. N*** nous fit l'honneur de venir visiter notre modeste cabinet cambrésien. Il voulait s'assurer, par lui-même, si le culte de Fénelon avait définitivement disparu de Cambrai, ce sont ses propres expressions, et resta convaincu du contraire ; mais il eut aussi quelques paroles sévères et bien justes, relativement à ce qu'on a négligé de faire, et à ce qu'on aurait dû faire.

Nous faisant l'écho des propos que nous venons de consigner ici, nous dirons à nos compatriotes que le temps est venu où la plus humble bourgade, qui a donné le jour à un homme devenu plus ou moins célèbre, s'impose le devoir de lui ériger un monument public. Nous avons aujourd'hui des artistes pensionnaires de la ville et du département à l'école des beaux-arts ; ils ont fait leurs preuves en fait de capacité : n'hésitez donc pas à leur confier le soin d'exécuter une statue à l'image de l'écrivain qui vous est cher entre tous, et les suffrages universels vous seront acquis (1).

Les finances de la ville, nous le savons, ne permettraient pas de mettre cette entreprise à la charge de la caisse municipale, à cause des dépenses extraordinaires occasionnées par la reconstruction de l'hôtel de ville, aussi ne nous adresserons-nous qu'à l'intelligence d'une souscription publique, pour mener à bonne fin une œuvre de ce genre.

En attendant que ce beau projet se réalise, nous voudrions, si nous étions propriétaire de la portion de l'île Saint-Gilles, qu'on voit de loin en entrant dans l'allée de Fénelon, du côté du canal, nous voudrions, disons-nous, ériger à peu de frais une solitude au milieu de laquelle nous placerions, sur un socle élevé, le buste de Fénelon, que nous aurions soin d'entourer de berceaux de verdure, enguirlandés, de vigne vierge, de lierre et de chèvre-feuille. Ce serait un moyen d'entretenir dans ces lieux le culte de Fénelon, et de leur rendre, en quelque sorte, le génie sublime qu'ils ont perdu. Nous tiendrions surtout à prouver que l'amour des Cambresiens pour leur grand archevêque est plus vivace que jamais, et à justifier encore ce cri d'admiration échappé à l'un de

(1) M. Carlier, pensionnaire de la ville et du département, exécute en ce moment, à son propre compte et avec l'aide d'une souscription publique, la statue colossale d'Enguerrand de Monstrelet, chroniqueur célèbre et prévôt de Cambrai au XVe siècle et notre Musée possède des œuvres remarquables de MM. Peinte, Frère et Cordier.

nos poëtes dans un beau moment d'enthousiasme (1) : « Quand on approche de la ville, un charme poétique semble réaliser les fictions de l'antiquité ; l'œil parcourt avec ravissement ce riche paysage, où Fénelon, comme un philosophe grec, aimait à goûter les délices de la promenade ; on dirait que les accents mélodieux du *Cygne de Cambrai* y animent encore les échos ; l'imagination repeuple de divinités toutes ces campagnes. On se figure qu'on va entrer dans une ville grecque, et je ne sais si l'âme éprouverait plus d'émotion devant la sépulture d'Homère, qu'à l'aspect des lieux où dorment les cendres de son illustre continuateur. »

« Quand on a franchi les portes, l'illusion n'est point détruite par les réalités vues de près. Un air de grandeur et d'élégance, des édifices réguliers, des monuments curieux, une population affable et hospitalière, l'élite des citoyens zélée pour tout ce qui est beau ; le peuple heureux et fier d'apprendre à lire dans le Télémaque, le *nom de Fénelon dans toutes les bouches comme dans tous les cœurs*, j'oserais presque dire son culte consacré à Cambrai, comme autrefois celui d'Homère le fut dans la Grèce; tout cela donne à la ville une physionomie attique ; et cet air d'antiquité n'est point le stérile effet d'une imitation étudiée : c'est l'influence naturelle de l'écrivain qui a le mieux senti, le mieux reproduit, le plus fait aimer les anciens . . . . »

Ce qui précède n'est que le prélude du poème qui débute ainsi :

> Cambrai, cité noble et puissante
> . . . .
> Un reflet de la Grèce antique
> D'une auréole poëtique
> Semble couronner tes remparts.
> . . . .
> Ces murs ont-ils donc un Homère ?
> Les respects de toute la terre
> L'ont salué dans Fénelon.

(1) M. Miel. — Lettre à la société d'Émulation de Cambrai, tenant lieu d'avant-propos à son *Ode à la ville de Cambrai sur l'inauguration du monument de Fénelon*, ouvrage couronné par ladite société, en 1827, — Tome XIe, p. 159.

XXV.

PIÈCES JUSTIFICATIVES.

---

*Diplôme de fondation de l'abbaye du Saint-Sépulcre,
par Saint-Liébert, évêque de Cambrai, en 1064.*

✠ In Nomine Patri et Fillii et Spiritus Sancti.

Lietbertus Cameracensis Ecclesiæ Episcopus omnibus Christi fidelibus prosperos utriusque vitæ successus. Temporibus prædecessoris mei *Gerardi* sanctæ memoriæ Episcopi, exorta fames in regionibus nostris adeo invaluit, ut morientium corpora capere non valerent ecclesiastica cæmeteria Camerasensis urbis, incidit igitur huic peædecessori meo rationabile consilium, ut extra muros civitatis fodere faceret polyandrum, quod receptui foret tot corporibus condendorum pauperum; juxta quem locum Ecclesiam postea in honore Dominici sepulcri consecravit camque et terris, et familiis dotavit, etc. Ego itaque Lietbertus qui ei successi, tanto et tali animatus exemplo, in prædecessoris mei primitias laboraturus introii; et quoniam parva erat, juxta ecclesiam illam Monasterium campliore schemate ædificavi, ipsumque in honore D. nostri Jesu Christi, et S. sepulcri ejus, et Dei, Genit, Mariæ omniumque Sanctorum Dei consecravi, ædificatoque claustro cum cæteris officinis Abbatem et Monachos eidem loco assignavi. De rebus vero possessionis meæ, ecce coram Deo, et præsentibus testibus, istud doto Monasterium, etc. Hoc est in suburbio camer, civitatis abbatia S. Martini quidquid in manu mea est. Parochiales quoque duæ Ecclesiæ S. Georgii et S. Mariæ Magdalenæ altaria cum ecclesiis, minutum teloneum, Cambæ et plura curtilia, cum distructo toto et terræ arabiles circa cameracum, quas decambiavi ab abbate Waldrico S. Andreæ apostoli, cum aliis, pluribus. In suburbio eodem Cameracensi molendinum unum alterum et dimidium apud villam puerorum, cum districtu, item aliud apud nigellam cum districtu. Concedo etiam in pago cumerac. Villam omnem S. Hilarii, in pago de Hainau Villerellum totam, in brackbatensi pago eccles de Melin, item villam quæ vocatur Niuvehova, etc. S. Walcheri, arch. Gerardi præp. et arch. S. Christiani, Johannis, Gilberti, Heriwardi, Amolrici, Heriberti Widrici, Roberti, militum. Actum est Cameraci, etc. An. ab. Inc. D. MLXIV, ind. II, regnante Henrico rege Lothariensium. An XII episcopatus D. Lietberti XIV, etc. Werimbaldus Cancellarius recensuit (1).

GODEFROY, Évêque de Cambrai, confirme à l'abbaye du Saint-Sépulcre la possession d'un pré situé sur la rive de l'Escaut, avec quelques terres adjacentes.

— 1221 —

In nomine sancte et individue Trinitatis, Ego Godefridus, divina permissione cameracensis episcopus, tam presentibus quam futuris in perpetuum. Tanto nobis a domino commisse prelationis preradiat titulus quanto justis ecclesiarum petitionibus faciliorem exauditionis aditum aperimus. Eapropter dilecti filii nostri Johannis, venerabilis abbatis sancti sepulcri cameracensis, petentis ecclesie sue quasdam possessiones a predecessore nostro felicis memorie Johanne, Cameracensi episcopo, dudum confirmatas, nostro etiam communiri autentico, devotis ac honestis petitionibus grato cum descendere affectu dignum duximus et affectu. Hinc est quod totum Mosterioli pratum, circa alveum Scaldi, cum omni decima totoque districto, necnon et omnem terram eidem prato adjacentem, a molendino de farneriis usque ad abbatis villam, videlicet ortum fontis et terram sancti Martini que Collet

(1) Carpentier. — *Histoire de Cambrai.* — Preuves.

dicitur, eidem ecclesie ab ecclesia sancti Gaugerici, mediante quadam inter eas permutatione, concessa, tranquilla de cetero perpetuitate possidenda presentis scripti patrocinio confirmamus, compositionem quoque inter predictam ecclesiam et cives camera-censes factam super predictis, a videlicet Mosterioli prato et terra eidem prato adjacente, de quibus inter ipsos, coram archi-diacono suessionensi et conjudicibus suis, auctoritate apostolica diutius fuerat liligatum approbantes. In testimonium igitur permissorum presens scriptum sigilli nostri munimine roboramus. Actum anno Domini M C C vicesimo primo, mense octobri, féria sexta post festum beati Luce.

Fonds de S.-Sépulcre. Original muni du sceau de l'évêque Godefroy, pendant à des lacs de soie.. — Leglay : Glossaire.

L'office de bariller et mesurer Wesdes, tant courez que ronds, en ceste cité et duce de Cambray, est mis a prîs a cry et a remont pour le *terme* et espace de trois ans continuelz comencans le Vjᵉ jour de febvrier prochain venant en ce pnt an XVᶜlvj, à la somme de Vj lbz p., lequel office sera tenu le marchant auquel ceste marchandise demourera, faire et exercer bien et deuement aux droictz accoustumez ; et pour ce faire debvra led. marchant livrer pour le moins trois compaignons pour lesd Wesdes tant rondz que courez, bien et diligement mesurer a deux vasseaulx touteffois quil sera besoing et nécessaire, lesquelz compaignons avec led. marchant seront tenus faire serment es mains de nous, prevostz et eschevins de ceste cité sans ce que dud mesuraige et barillaige auscuns marchans ou coultiers de Wesdes sen puisse mesler ny empeschier sur paine destre pugnys jusques au dict de nous prevostz et eschevins. Entendu que sil advenait quilz ne feissent bonne dilligence de faire led. office en expediant les bonnes gens tant de dedans q. dehors led. marchant sera tenu de rendre telz interetz que faire leur aueront lesd. barilleurs. et de ce, et aussy dud. barillaige faire bien et deuement com ains dict est. — Item sera

tenu led. marchant de livrer caution au lot du conseil des quatrehomes de lad. cité laquelle marchandise on polra remonter qui
remonter le vauldra pour le premier coup de XX sols p. en apres
de dix sols p. de plus quí veult et neant de moins. — Item qui-
eoncques se remontera il auera le quind denier de son remont
pour se paines sy on refiert sur luy. Se y a XX s. p. au vin que a
preste le premier marchant pour ravoir vin et tiers vin sy l'on
refiert sur luy, lequel vin tiers vin et paines sera tenu rendre
le dernier marchant a qui ceste marchandise demourera qui ne
soit nul des officiers de la ville portant les grands draps qui
sadvisan de prendre ne tenir a part ne aultrement ceste marchandise sur paines destre privé de son office ung an enthier et pour
cause qui y sent son proffict se trouve p. devers lesd. quatrehomes
ceste marchandise passera a ferme sur led. chambre de mess^rs
le jour St-J^n levangeliste après Noel a heure de vespres a un
polz de chandelle.

Et est venu marchant qui led. ferme a remonté de XX s. p. :

Remonte p. J.^e de St-Vaast de . . . . XX s. p.
Remonte p. Claude Rousseau . . . . VI s. p.
Remonte p. Jespart Maillet de. . . . . X s. p.
Remonte p. Flament Fuzelier de. . . . . VI s. p.
Demoure au sd. lieu et ferme dessd. p. le prix de XXX lbr p.

a Flament Fuzelier pns come prevost phl Danneux, Estienne s^r
Dabencourt eschevins, m^e Adrien de Hennin lict. es loix, Pierre
de St-Vaast, J^n Balicq et Claude Bernard quatrehomes, P^e Le Gay,
Nicolas Balicq et P^e Darras.

(Au revers)

Le XX fébvr. XVe Ivj pns m^es J^e Fenins. Me Jacques de Hollin et
Adrien de Nimaye, J^n Fuzelier, le Josne Mulquinier, s'est consti-
tué caution p. principal debtes p. le cris de la dernière charges
devises et conditions de le ferme des Wesdes, p. mise obligeant.
(Archives municipales de Cambrai).

9

EXTRAITS d'un « Inventaire des titres, registres, livres, pa-
» piers, escripts, lettres et muniments, reposans es archives
» de l'archevesché de Cambray. » (1)

<table>
<tr><td>Juridiction
du
Plat-
Farnières.</td><td>« Patente pour Messieurs de Saint-Géry touchant la juridiction du *Plat-Farnières*, du 7 de février 1657 (f° 174 r°). »</td></tr>
</table>

« Diverses attestations sur la jurisdiction du Plat-Farnières. »

« Protest faite à Messieurs du Magistrat de Cambray d'avoir empris sur la jurisdiction de sa seigneurie illustrissime (l'archevêque) par la visitte qu'ils ont faict au moulin du Plat, et de la rivière de l'Escault (f° 174 r°). »

<table>
<tr><td>Moulin
du
Plat-
Farnières.</td><td>« Project d'un contract entre Robert de Croy, évesque, et le Magistrat de Cambray touchant l'érection des nouveaux moulins en la dite ville, que le dit Magistrat prendroit à bail les Moulins de Selles, que le moulin Farnières y serait transporté, et autres charges et conditions y reprises (f° 158 v°). »</td></tr>
</table>

« Diverses attestations pour prouver que monseigneur l'illustris-sime (archevêque) at toute jurisdiction ès moulins de Selles, Cantimpret, et au Plat (f° 160 r°). »

« Copie du traicté d'entre monseigneur Henry de Berghes évesque de Cambray d'une partie, et les Prevost, Doien et chapitre de Saint-Géry pour le moulin de Farnières, dit du Plat, l'an 1498 (f° 163 r°). »

« Visite du Moulin de Farnières faite l'an 1604 » (f° 163 r°).

(1) Manuscrit du cabinet de l'auteur, provenant de la vente de la bibliothèque de feu M. Lancelle, avoué.

« Farde contenante diverses pièces touchant le moulin du Plat-Farnières, si comme informations contre le masnier, et conditions de l'érection d'iceluy (f° 163 r°). »

« Raisons pour lesquelles le fermier du moulin du Plat-Farnières, ne doibt avoir trois moulins moulans, ou trois ventaux (f° 163 r°). »

« Bail du Moulin du Plat-Farnières (f° 163 r°). »

« Papiers pour remettre les ventaux du moulins du Plat à quatre pieds, cinq poulces (f° 163 r°). »

Moulin
à vent
do
Cantimpré.

« Estimation du moulin de Cantimpret, et l'estat auquel il s'est trouvé par visilte en faite, es années 1593 et 1597 (f° 164 v°). »

« Bail dudit moulin pour l'année 1598 (f° 164 v°). »

« Diverses criées et mises à bail dudit moulin (f° 164 v°). »

« Visitation et déclaration des ouvrages à faire pour le rehaussement dudit moulin, faite le 28 décembre 1626 (f° 164 v°). »

« Sentence contre les valets dudit moulin de Cantimpret pour avoir usé d'excès envers Marie Varlet (f° 164 v°). »

Seigneurie
des
Indivis.

« Une farde contenante divers escripts pour la seigneurie des Indivis et les droits que monseigneur l'archevesque y at (f° 7 v°). »

« Papiers concernant la juridiction et droits qu'at l'archevesché au marais de Prouville, et prez communs jusques à Cantimpré (f° 178 v°). »

« Complaincte et information tenue sur le faict d'un fosset faict dans le marais de Prouville l'an 1622 (f° 178 v°) »

« Complaincte sur l'emprise faite par maître Amé Bourdon (1) sur le maret de Prouville l'an 1624 (f⁰ 178 v⁰). »

« Carte pour la jurisdiction qu'at l'archevesché es marets de Prouville, Plat et Cantimprez (f⁰ 178 v⁰). »

« Item diverses attestations, informations, et autres papiers pour le mesme subject (f⁰ 178 v⁰). »

« Minute d'une requeste pour estre maintenu du grand Conseil en la jurisdiction du maret de Prouville présentée par l'archevesque, contre le magistrat de Cambray (f⁰ 179 r⁰). »

« Acte de Nicolas, évesque (de Cambrai) par où il donne les marais de Prouville aux bourgeois de Cambray (f⁰ 179 r⁰). »

« Minute d'une requeste, pour estre maintenu du grand Conseil en la juridiction du maret de Prouville présentée par l'archevesque de Cambray contre Messieurs du Magistrat pour la levée d'un corps mort audit maret (f⁰ 186 v⁰). »

Rivière de l'Escaut.

« Chartes de l'abbaye de Saint-Sépulchre touchant la pêche des fossez de Saint-Sépulchre (f⁰ 33 v⁰). »

« Attestation de Martin de Boileux touchant la pesche depuis le Plat jusques à Cantigneul (f⁰ 186 r⁰). »

» Copie des lettres de maintenue obtenues par les abbé et religieux du Saint-Sépulcre pour estre maintenu dans la possession de pouvoir pescher depuis le moulin de Prouville jusques à Cambray (f⁰ 186 v⁰). »

(1) Célèbre médecin, né à Cambrai; voir sa biographie dans tous les ouvrages spéciaux, et particulièrement dans le *Dictionnaire historique de Cambray*, par M. Bouly de Lesdain, descendant par sa mère de cet homme remarquable.

« Divers moyens et articles pour remédier aux désordres de la rivière. »

« Divers extraicts de comptes pour monstrer que les eaux de la rivière de l'Escault ont toujours appartenu et appartiennent à sa seigneurie illustrissime. »

« Minute d'un escript de mémoire sur ce que la juridiction de la rivière appartient depuis Prouville à sa seigneurie illustrissime. »

« Déclaration de la largeur de la rivière (de l'Escaut) au-dessoubs des arquotz (la tour) à l'endroit de la burie du Pan (fᵒ 187 rᵒ). »

« Attestation de la largeur de la rivière de l'Escault entre le moulin du Plat et de la ville (fᵒ 187 vᵒ). »

« Accord avec l'abbé de Saint-Sépulchre pour la pesche de la rivière de l'Escault fait le 15 mars 1640 (fᵒ 187 vᵒ). »

« Permission donnée à Dom Laurens de la Villavicencio, de pouvoir faire ériger quelque hobette (maisonnette) de plaisance sur l'un des pilliers qui sont dans la rivière de l'Escaut, vis-à-vis du moulin de Cantimprez (fᵒ 187 vᵒ). »

« Accord faict entre monseigneur Vanderburch, et l'abbé de Saint-Sépulcre touchant la pesche de la rivière de l'Escault le 15 de mars 1640 (fᵒ 194 vᵒ). »

Moulin
du
Clicoteau.
« Papiers concernant l'érection du moulin dit Clicquoteau, avec les accords et traictez faits tant avec l'abbé de Saint-Sépulchre que l'abbesse de Prémy (fᵒ 168 rᵒ). »

« Information touchant l'emprise de juridiction faite audit moulin par les quatre hommes de la ville (f° 168 r°). »

« Règlement pour la hauteur des ventelles dudit moulin (f° 168 r°). »

Moulin
des
Fratrès.

« Bail du moulin des Fratrès ès date du 23 may 1597 (f° 169 v°). »

TABLE DES CHAPITRES.

www.ingramcontent.com/pod-product-compliance
Lightning Source LLC
Chambersburg PA
CBHW052207270326
41931CB00011B/2256